W0083921

Zum Buch

Träume begleiten uns durch unser ganzes Leben. Dennoch gibt es immer wieder Menschen, die behaupten, dass sie nie träumen. Andere wieder haben vorwiegend Alpträume, manche träumen nur langweilige Alltagssituationen, und manche können sogar in ihren Träumen wichtige Ereignisse voraussehen. Was es mit den Träumen auf sich hat, darum geht es in diesem Buch. Maria Reith zeigt Möglichkeiten auf, den Träumen gerecht zu werden und sie in einen Zusammenhang mit der jeweiligen Lebenssituation zu stellen. Nur so kann man den richtigen Ansatz zum Traumverständnis finden.

Die Autorin

Maria Reith war zunächst Grundschullehrerin. Im Verlauf einer Lebenskrise begann sie, ihr Leben neu zu gestalten. Heute arbeitet sie als Psychotherapeutin, wobei die Arbeit mit Traum und Trance im Mittelpunkt steht. Sie leitet Seminare in der Erwachsenenbildung sowie in der beruflichen Fortbildung von Lehrer- und Erzieher-/-innen. Seit 1984 führt sie Traumseminare durch. Sie hat zwei erwachsene Töchter und lebt in München.

Weitere Informationen zur Autorin unter
www.kreative-traumarbeit.de
www.traum-trance.de
Kontakt zur Autorin unter *traumreith@arcor.de*

Maria Reith

DER TRAUM

Königsweg zu unserem Unbewussten

Ullstein

Besuchen Sie uns im Internet:
www.ullstein-taschenbuch.de

Allegria im Ullstein Taschenbuch
Herausgegeben von Michael Görden

Umwelthinweis:
Dieses Buch wurde auf chlor- und säurefreiem Papier gedruckt.

Ullstein Taschenbuch ist ein Verlag der Ullstein Buchverlage GmbH, Berlin.
Überarbeitete Neuausgabe
1. Auflage Juli 2008
© 2007 by Ullstein Buchverlage GmbH, Berlin
Umschlaggestaltung: FranklDesign, München
Titelabbildung: www.artshivananda.com
Gesetzt aus der Palatino
Satz: Pinkuin Satz und Datentechnik, Berlin
Druck und Bindearbeiten: GGP Media GmbH, Pößneck
Printed in Germany
ISBN 978-3-548-74410-0

Für Beatrice und Caroline

Ein nicht verstandener Traum gleicht
einem ungelesenen Brief.
Talmud

Erlöste Träume
zum Dasein berechtigt
bringen neue Wirklichkeit hervor.
Maria Hutt

INHALT

VORWORT

Als ich vor über zwanzig Jahren in meiner damaligen Ausbildungsgruppe für Transaktionsanalyse einen Traum erzählte, der mich sehr beschäftigte, bot sich ein Kollege an, mir bei der Erschließung zu helfen. Bernd ließ mich die einzelnen Figuren des Traumes spielen und unterstützte mich dabei durch Fragen und Hinweise. Er tat es so einfühlsam und geschickt, dass ich Vertrauen fasste mit dem Ergebnis, dass ich ein richtiges Aha-Erlebnis hatte und mehr Erkenntnisse gewann als in mehreren einstündigen Gesprächen zusammengenommen. Diese erste Begegnung mit meinem Traum wurde zu einem Schlüsselerlebnis. Ich schrieb von nun an meine Träume auf und nutzte jede Gelegenheit, um mit ihrer Hilfe voranzukommen. Gleichzeitig begann ich, mich schwerpunktmäßig in der Traumarbeit weiterzubilden.

Wertvolle Anregungen erhielt ich dabei von Zerka Moreno, der Witwe und Mitarbeiterin von Jacob Moreno, dem Begründer des Psychodramas, und Fanita English, einer namhaften Vertreterin der Transaktionsanalyse. Beiden Frauen bin ich in Seminaren persönlich begegnet. Sie wurden zu Leitfiguren durch ihre Kompetenz und ihre Vitalität. Die Gedanken und Erkenntnisse C.G. Jungs beeinflussten mich ebenso wie diejenigen von Fritz Perls, Gestalt-Therapie, und Eric Berne, Transaktionsanalyse. So verwende ich heute bei meiner Arbeit mit Träumen – zum Teil von mir modifizierte – Begriffe und Konzepte aus der Gestalt-Therapie, der Transaktionsanalyse und der analytischen Psychologie C. G. Jungs. In diesem Buch werden sie jeweils im Zusammenhang erklärt. Ich lerne immer noch in der Arbeit mit meinen Patienten und den Teilnehmern aus meinen Seminaren, die mir Vertrauen entgegenbringen, indem sie ihren Traum erzählen und ihn mit mir anschauen. Ihnen gilt mein besonders herzlicher Dank. Danken möchte ich auch Brita Graef, die es mir möglich machte, mit einigen Lehrern aus der geistigen Welt ins Gespräch zu kommen.

Ich bin der Meinung, dass mehr und mehr Menschen die Zurückhaltung gegenüber allem, was das Innenleben betrifft, aufgeben und einen Zugang zu den unbewussten Kräften der Persönlichkeit suchen, welche das Verhalten im Wachzustand mitbestimmen. Auf diese Weise können sie mehr Eigenverantwortung für ihr Leben übernehmen. Sie hören immer häufiger auf ihre innere Stimme, was besonders in einer Zeit der starken Beeinflussung durch die Medien nur nützlich sein kann.

Ich möchte Sie durch die in diesem Buch gezeigten Möglichkeiten einladen, selbst herauszufinden, welchen Nutzen Sie aus Ihren Träumen gewinnen können. Es möge Sie anregen, die in Ihnen vorhandenen Ressourcen über die Beschäftigung mit dem Traum zu erschließen. Es ist kein Deutungsbuch. Selbst die Erläuterungen zu den Symbolen sind als Hinweise zu verstehen, die eigene Intuition zu benutzen. Die sichersten Wegweiser zum Verständnis eines Traumes sind das Gefühl und das Urteil der Träumerin oder des Träumers, die tief im Innersten die Botschaft des Traumes kennen. Die angeführten Möglichkeiten zum Verständnis des Traumes habe ich bei mir selbst und mit vielen Menschen angewandt. Mögen sie auch Ihnen helfen, den Reichtum Ihrer Träume zu entdecken.

Maria Reith

EINFÜHRUNG

Träume sind Äußerungen unseres Unbewussten. Eine sehr schöne, bildhafte Definition des Unbewussten stammt von dem Arzt und Psychotherapeuten Hans Dieckmann. Er vergleicht die Instanz, aus der unsere Träume kommen, mit einem Partner, der eine fremde, uns oft unbekannte Sprache spricht, zu dem wir, wenn wir uns mit den Träumen beschäftigen, in Beziehung kommen. Das Unbewusste ist nämlich nicht nur eine Art »Ablagestätte« für Vergessenes oder Verdrängtes aus dem bisherigen Leben, sondern gerade auch der Boden, aus dem neue Gedanken und Impulse des Bewusstseins entstehen. Es ist eine Art Naturwesen mit eigenen Gesetzen, Erlebnisformen und -möglichkeiten. Aus dem Unbewussten treten immer wieder *Neubildungen* ins Bewusstsein, die der jeweiligen Reifestufe des Menschen entsprechen oder Lösungsmöglichkeiten für anstehende Probleme anbieten. In dieser Schicht liegt also eine tiefe Wurzel unserer Kreativität.

Die Aussagen über den Traum reichen von der Neurophysiologie und Biochemie über die Psychologie (Träume als Reflexionen des Unbewussten) bis hin zur Spiritualität (Der Traum als Botschaft Gottes oder einer Höheren Intelligenz oder eines Träumenden Universums oder eines umfassenden höheren Bewusstseins).

15

Physiologie des Schlafes und Traumtätigkeit

Ich werde zunächst einen Abriss der neurophysiologischen Forschungen geben. Der Schwerpunkt meiner Ausführungen liegt allerdings bei den psychologischen Aspekten und dem praktischen Umgang mit dem Traum, weil das der Schwerpunkt meiner Arbeit ist.

Weil ich dabei aber manches Mal an die Grenzen der herkömmlich humanistischen Psychotherapie gestoßen und, parallel zu meiner eigenen Entwicklung, über diese Grenze hinweg in spirituelle Bereiche gelangt bin, werde ich, wenn es sich anbietet, auch die spirituelle Sichtweise einflechten. Ein Versuch, das Bewusstsein und den Traum aus spiritueller Sicht darzustellen, ist in Vorbereitung.

Während sich die Menschen schon seit alters her mit der Deutung von Trauminhalten auseinandersetzen, ist die wissenschaftliche Schlaf- und Traumforschung vergleichsweise jung. Bis zum 18. Jahrhundert ging man davon aus, dass der Leib einen »periodischen Tod« im Schlaf erleide, während die immaterielle Seele ihm entweiche und im Traum fortgesetzt wach und tätig bleibe.

Infolge des Materialismus erhielt dieses Gedankenkonzept einen herben Schlag. Das mechanistische Weltbild nach Newton sah die Trennung von Körper und Seele vor. Der Traum wurde auf kurze Episoden des Schlafes eingeschränkt. Um 1850 äußerte Alfred Maury eine erste nicht metaphysische Deutung der Traumtätigkeit. Er erklärte, dass der Mensch nur bei leichtem Schlaf träume, also kurz nach dem Einschlafen. Außerdem könne er träumen, wenn er durch starke innere oder äußere Reize im Tiefschlaf gestört werde und dadurch aufwache.

Eine medizinisch-naturwissenschaftliche Messung von Schlaf und Traumphänomenen wurde dagegen erst in der Mitte des vergangenen Jahrhunderts durch die Benutzung von geeigneten Messgeräten möglich. 1953 stellte Eugen Aserinsky, ein Mitarbeiter des Schlafforschers Nathaniel Kleitman an der Universität von Chicago, fest, dass sich die Augen der schlafenden Probanden wiederholt in kurzen Abständen ruckartig unter den geschlossenen Lidern bewegten. Die beiden Wissenschaftler vermuteten einen Zusammenhang zwischen Traum und Augenbewegungen und beschlossen daraufhin, die Bewegungen systematisch mit Hilfe des Elektroenzephalographen zu beobachten. Sie stellten vier Schlafphasen fest. Diese reichen vom leichten Schlaf beim und unmittelbar nach dem Einschlafen bis zum Tiefschlaf und dann wieder aufsteigend zum leichten Schlaf. Augenbewegungen treten jeweils in einer Phase von leichtem Schlaf auf. Eine solche Schlafperiode dauert bis zu 90 Minuten und wiederholt sich bis zu fünfmal pro Nacht, je nachdem wie lange ein Mensch insgesamt schläft.

Kleitmann und Aserinsky nannten die Phase des Leichtschlafes wegen der Augenbewegungen die REM-Phase (Rapid Eyes Movements).

1962 konnten Michel Jouvet und Kollegen an der Universität Lyon die Brücke, Teil des Stammhirns, als den Bereich des Gehirns lokalisieren, der die Schlafphasen steuert. Er bestätigte grundsätzlich die vier Schlafphasen, hob aber detaillierte Merkmale und Zuordnungen für die Traumtätigkeit hervor.

An der Harvard-Universität entwickelten Allan Hobson und Robert McCarley, Neurophysiologen, zwischen 1971 und 1977 zwei Theorien zur Neurophysiologie der Träume. In der zweiten Abhandlung (erst Aktivierungs-Synthese-Modell genannt, später umbenannt in Aktivierungs-Input-Modell) versuchten die beiden Wissenschaftler das Zustandekommen eines Traumes in der REM-Phase zu erklären. Neuronen im Hirnstamm, der nichts mit höheren geistigen oder emotionalen Funktionen zu tun hat, produzierten zufällige Erregungsmuster. Die Hirnrinde versuche sinnfällige Interpretationen dieser Muster zu bilden. Das Ergebnis ist ein Traum. Damit sei die Ursache von Träumen den niederen Gehirnfunktionen zuzuordnen und ein rein physiologisches Phänomen, eine Art Nervengewitter im Gehirn, ohne Sinn und tiefere Bedeutung. Für die Träume in einer Nicht-REM-Phase allerdings gibt es keine befriedigende Erklärung in diesem Modell. Eine psychologische Bedeutung der Trauminhalte fällt damit erst recht weg. In einem Gespräch mit dem Physiker und Autoren Fred Alan Wolf erklärte Hobson, dass der Traum einen veränderten Bewusstseinszustand darstelle, insofern das Bewusstsein im Traum nicht nur die Wahrnehmung in der Außenwelt, sondern auch die Wahrnehmung der inneren Abbildungen davon im Gehirn umfasse.

Der Neurophysiologe und Psychoanalytiker Mark Solms dagegen meint, dass kein direkter Zusammenhang zwischen REM-Schlaf und Träumen bestehe und dass beim Träumen nicht nur das Stammhirn allein beteiligt sei, sondern auch eine hoch entwickelte Hirnregion, die durchaus etwas mit unserer Persönlichkeit zu tun habe. Seine Auffassung nähert sich sehr den Traumtheorien von Freud. Er strebt eine Synthese aus Neurologie und Psychoanalyse an und gibt eine Zeitschrift Neuro-Psychoanalysis heraus, für deren Beirat er andere Hirnforscher gewinnen konnte.

Bislang gibt es keine unter Neurophysiologen allgemein anerkannte Hypothese zur Funktion des Traumes und des REM-Schlafes. Die naturwissenschaftliche Forschung sieht sich einem unüberwindbaren Konflikt gegenüber. Der Traum an sich kann ja nicht unmittelbar beobachtet werden. Um zu wissen, ob ein schlafender Mensch träumt, muss er aus dem Schlaf geweckt und befragt werden.

Die Ansichten und empirischen Ergebnisse Solms' bestätigen am ehesten meine langjährigen Erfahrungen im Zusammenhang mit meinen eigenen und den Träumen meiner Klienten. Lebhafte Träume, an die wir uns gut erinnern, entstehen zum allergrößten Teil in einer REM-Phase, während Traumfetzen oder vage Erinnerungen meist aus einer tieferen Schlafphase stammen. Das erklärt auch, warum wir uns morgens beim Aufwachen am besten erinnern. Die Leichtschlafphasen werden gegen Morgen immer länger, während die Tiefschlafphasen abnehmen. Wenn viele Menschen sich am Morgen nur an einen Traum erinnern, so liegt das wohl einfach daran, dass sie nach einem früheren Traum nicht aufwachen und gleich wieder in die nächste Schlafphase hinübergleiten. Der morgendliche Traum ist auch der längste und lebhafteste von allen, sofern man sich an vorherige erinnern und vergleichen kann. Träume, die nicht in einer REM-Phase entstehen, sind schwerer erinnerbar und oft nur Traumfetzen.

Während im Gehirn die REM-Phase durch ihre besonderen Wellen gemessen wird, kann man in anderen Teilen des Körpers Veränderungen beobachten. In erster Linie natürlich die Augenbewegungen des Augapfels bei geschlossenen Lidern; aber auch Unregelmäßigkeiten der Herztätigkeit und des Atems; generell Verlust des Muskeltonus und doch sporadisch Muskelbewegungen; generell kein stimmlicher Ausdruck und doch sporadisch Schreien, Sprechen, Murmeln. Hier muss es einen direkten Zusammenhang zwischen Physiologie und Traumgeschehen geben. Erektion und weibliche Klitoriserregung dagegen haben nach Michel Jouvet keine Korrelation zum Traum. Ebenso zählt Jouvet das Schlafwandeln nicht zum Traumgeschehen, weil der Muskeltonus erhalten ist. Er führt das Phänomen auf ein partielles Erwachen während der Tiefschlafphase zurück.

In den Schlaflabors wollte man auch wissen, was geschehen würde, wenn einem Menschen das Träumen vorenthalten wird. Man weckte also systematisch mehrere Nächte hindurch die Versuchspersonen, sobald die Augenbewegungen begannen. Die REM-Phasen wurden häufiger. Nach der fünften Entzugsnacht mussten einige Personen bis zu zwanzigmal geweckt werden. Nach jedem erneuten Einschlafen fielen sie gleich wieder ins Träumen. Die Versuchspersonen wurden gereizt und nervös. Sie zeigten Konzentrationsschwierigkeiten und Gedächtnisschwäche. Alle Symptome verschwanden, wenn die Personen wieder ungestört schlafen und träumen konnten.

Daran sieht man, dass das Träumen für die Gesundheit der Psyche notwendig ist. Die Tiefschlafphasen dienen dagegen eher der Regeneration der körperlichen Funktionen. Die Redewendung *Der gesündeste Schlaf ist der vor Mitternacht* ist wohl so zu verstehen, dass die Menschen in früheren Zeiten, als sie körperliche, meistens sogar schwere körperliche Arbeit verrichteten, den Tiefschlaf in den ersten Stunden der Nacht zur Erholung ihres Körpers dringend brauchten.

Wer träumt?

Wie kommt es nun, dass manche Menschen sich fast jeden Morgen an einen Traum erinnern, während andere behaupten, sie träumten nie oder nur selten? Nun, die nächtlichen REM-Phasen sind bei allen Menschen vorhanden, sodass wir eher sagen müssen, dass manche Menschen sich leichter an ihre Träume erinnern als andere.

Die am nächsten liegende Begründung ist nach meiner Meinung und Erfahrung die, dass in Zeiten von starker Aktivität eine innere Selbstregulation dafür sorgt, dass die psychische Energie für reale Aufgaben im Außenleben bereitgehalten wird, weil einfach wenig oder keine Zeit und Muße für die Beschäftigung mit den Träumen bleiben. Ich selbst habe festgestellt, dass ich mich während einer ruhigen Zeit, wie am Wochenende oder im Urlaub, viel intensiver und regelmäßiger an meine Träume erinnere, während ich mich nicht erinnern kann, wenn ich im Alltag sehr beschäftigt bin und keine Zeit und Muße für die Träume habe. Das finde ich sehr sinnvoll. Wäre es anders, käme ich möglicherweise in einen Konflikt, mich zu entscheiden zwischen den inneren Prozessen und dem äußeren Handeln. Bin ich allerdings mit einem wirklich wichtigen Thema beschäftigt, erinnere ich mich auf jeden Fall an meinen Traum.

Das ist übrigens auch die Schlussfolgerung von Hobson aufgrund seiner Forschungen über Traumamnesie. Die Traumprozesse laufen nach ihm im oberen Bereich des Stammhirns ab und werden beim Aufwachen ins Gedächtnissystem des Wachzustandes übergeben, damit überhaupt eine Erinnerung möglich ist. Ist das Gedächtnissystem überladen, kann man sich nicht erinnern.

Eines steht jedenfalls fest: Wer morgens von allein und nicht durch einen Wecker aufwacht, hat gerade eine REM-Phase erlebt. Wer nun die Möglichkeit hat, noch einige Zeit mit geschlossenen Augen im Bett zu bleiben, wird klarere Traumerinnerungen haben als ein anderer, der gleich aufspringt und die Aufgaben des Tages vor Augen hat.

Es ist bekannt, dass ein reichhaltiges und fettes Abendessen und Alkoholgenuss den Traumzustand beeinträchtigen. Es ist auch bekannt, dass Schlafmittel und Drogen die Traumtätigkeit aufheben können.

Ich beschäftige mich nun aber schon zu lange in diesem Bereich, um bei dieser, wie ich meine, oberflächlichen, rein physiologischen Begründung zu bleiben. Es liegt nahe, dass ich mich zunächst den Gründen für Traumamnesie zuwende, die psychologisch zu erklären sind. Ich finde die nachfolgenden Thesen in meiner täglichen psychotherapeutischen Arbeit immer wieder bestätigt.

Wenn wirklich ernsthaftes Interesse an den eigenen inneren Prozessen besteht, dann erschließt sich das Traumbewusstsein dem Wachbewusstsein. Das beziehe ich in erster Linie auf die Traumarten, die ich in diesem Buch behandele. Es sind Träume, die unseren Alltag berühren, unser seelisch-emotionales Gleichgewicht und Wohlbefinden. Denn unser Traumbewusstsein meint es nur gut mit uns. Es ist die Ergänzung zu unserem Wachleben. Selbst in den ärgsten Alpträumen teilt uns die Psyche, die nur unser Bestes will, eine *frohe* Botschaft mit, wenn ich sie mir verständlich machen kann. Nicht nur das Traumbewusstsein, auch das veränderte Bewusstsein während des Tagtraumes (auch Imagination oder Visualisation genannt) und während einer Trance/Hypnose helfen, uns tiefer kennenzulernen. Trance und Hypnose sind Synonyme und bezeichnen einen veränderten Bewusstseinszustand im Wachzustand.###

Viele Menschen sagen, sie würden nur zu gerne die Natur und die Weite ihrer Psyche entdecken, und sie könnten nicht verstehen, dass sie sich so wenig an Träume erinnern. Gleichzeitig sind sie jedoch von tief verankerten Glaubensvorstellungen überzeugt, denen zufolge ihr Selbst schlecht sei. Diese Vorstellungen gilt es aufzulösen, denn jeder Aspekt gehört zum Menschen. Und jede Integration eines verdrängten, abgespaltenen oder verurteilten Aspektes erweitert das Bewusstsein und führt zu größeren Dimensionen der Psyche. Wertungen oder vielmehr Abwertungen hindern dabei nur.

Andere befürchten, von ihren inneren Aspekten, die sie ablehnen, überwältigt zu werden, ja verrückt zu werden. Oder sie werten die Träume ab, weil sie sich vor allem fürchten, was sie nicht bewusst kontrollieren können. Doch die physische Struktur des Körpers und der Persönlichkeit ist fest in der Organisation der Psyche verwurzelt.

Wiederum andere haben auch Angst, sich an Träume zu erinnern, weil sie glauben, dass ein Katastrophentraum notwendigerweise ein solches Ereignis auch in der wachen Realität hervorrufen wird. Die Beweglichkeit des Bewusstseins aber erlaubt eine viel größere Freiheit im Umgang mit den Trauminhalten.

Geradezu absurd scheint es, wenn man sich vor Augen hält, was in »Natur der Psyche« von Jane Roberts zur Traumerinnerung bzw. -nichterinnerung steht:

Viele von euch halten es für sicher, eine Atombombe herzustellen, denken aber, es sei verrückt, Träume als ein Mittel zu verwenden, um das tägliche Leben zu handhaben. Oder sie glauben, dass es richtig sei, sich der Bakterien, Kriege und Katastrophen bewusst zu sein, dass es aber nicht angehe, sich der anderen Teile des Selbst bewusst zu sein, die solche Probleme lösen könnten. Es geht nicht darum, das normale Bewusstsein zu verneinen, sondern es buchstäblich zu erweitern, indem man andere Realitätsebenen mit einbe-

zieht, die wirklich innerlich wahrgenommen und genutzt werden können.

Und doch denke ich, gibt es für manche Menschen einen Grund, sich so zu verhalten. Das mechanistische Denken ist immer noch im Bewusstsein der Menschen verankert. Das Ursache-Wirkung-Prinzip, nach dem ein Ereignis A das Ereignis B nach sich zieht bzw. dem Ereignis B ein Ereignis A vorausgeht, gilt weiterhin. Das naturwissenschaftliche Denken beruht auf einer linearen, logischen, nachprüfbaren Ereignisfolge. Ereignisse, die nicht in dieses Schema passen, sind *Zufälle*. Sie kommen zwar vor, sind aber logisch nicht erklärbar und machen deshalb keinen Sinn.

Das naturwissenschaftliche Denken schließt das Phänomen der Synchronizität aus. Der Begriff geht auf C. G. Jung zurück, Schweizer Psychiater und Psychoanalytiker. Er meint damit, dass in der menschlichen Psyche eine Ordnung außerhalb der Kausalität möglich ist. Dinge, die zur gleichen Zeit aber an verschiedenen Orten oder zu verschiedenen Zeiten am gleichen Ort stattfinden, können durchaus in einem Sinnzusammenhang stehen. Und die Synchronizität ist nun einmal eines der wesentlichen Merkmale, dessen sich das Bewusstsein im Traum bedient. Das *Déjà-vu*-Phänomen, das viele Menschen im Wachzustand erleben, lässt sich hier einordnen. Diese Dinge kann man zunächst nur von der Metaphysik her erklären. Allerdings entdecken Quanten- und Astrophysiker bei ihren Forschungen Zusammenhänge, die den metaphysischen Aussagen schon sehr nahe kommen. Ich weise zu diesem Thema auf den Film »What the bleep do we know?« hin, in dem eine Reihe von Wissenschaftlern aus verschiedenen Bereichen sich zu ungewöhnlichen Phänomenen äußern. In seinem Buch »Die Entstehung der Realität« stellt Jörg Starkmuth sehr anschaulich Prozesse des Makro- und des Mikrokosmos dar und verwebt die neuesten naturwissenschaftlichen Erkenntnisse mit spirituellen Themen.

Ich möchte es einmal aus meiner Sicht sehr vereinfacht so ausdrücken: Die Kausalität und die Synchronizität sind komplementäre Phänome, entsprechend auf der einen Seite dem naturwissenschaftlichen, logischen, linearen Denken und auf der anderen Seite dem intuitiven, empathischen, emotionalen Denken. Diese polare Darstellung entspricht dem momentanen Stand des Massenbewusstseins. Ich bin überzeugt, dass unser Selbst- und unser Weltbild in einem gewaltigen und raschen (im Vergleich zur Menschheitsgeschichte) Wandel begriffen sind. In der neuen Sichtweise werden beide Phänomene selbstverständlich werden.

Auch Wissenschaftler haben sich mit dem Nichterinnern von Träumen beschäftigt. Bei Versuchen in Schlaflabors stellten sie fest, dass Probanden ohne Erinnerung mehr Augenbewegungen pro Sekunde aufweisen als solche mit Erinnerung, also offenbar aktive Träume erleben. Die Wissenschaftler vermuteten, dass die Ersteren ihre Traumbilder nicht sehen wollen, also wegschauen. Zur Prüfung ihrer Annahme führten sie eine Studie mit Personen im Wachzustand durch. In einem ersten Versuch ließen sie die Probanden unangenehme und bedrohliche Bilder beobachten. Um wegzuschauen, waren viele Augenbewegungen notwendig. In einem zweiten Versuch bat man die Personen, sich erst ein bestimmtes Ereignis vorzustellen und die Vorstellung anschließend wieder zu unterdrücken. Zum Unterdrücken (= Wegsehen) des Vorstellungsbildes waren ebenfalls mehr Augenbewegungen notwendig als beim inneren Anschauen.

Das Studienergebnis stützte die Vermutung der

Schlafforscher und bestätigte die Meinung der Psychoanalytiker, dass Nicht-Erinnerer ihre Träume nicht erinnern wollen. Nach Meinung der Psychoanalytiker werden also die Träume verdrängt, so wie wichtige seelische Erfahrungen eher aus dem Bewusstsein ausgeschlossen oder verleugnet werden. Menschen mit einer guten Fähigkeit zur Erinnerung von Träumen haben in der Regel ein besseres Verständnis ihrer eigenen Person und neigen eher dazu, ihre Gefühle offen auszudrücken.

Nach meiner Beobachtung in vielen Traumseminaren über Jahre hinweg beschäftigen sich Frauen häufiger mit ihren Träumen als Männer. Das liegt nach meiner Meinung einfach daran, dass Männer eher als Frauen ihr rationales, logisches Denken einsetzen, welches nur die kausale Ordnung zulässt und welches sie im Beruf brauchen. Frauen dagegen werden so geprägt, dass sie eher für Gefühle und Intuition offen sind. Und für sie ist es unter diesem Aspekt natürlicher, sich an Träume zu erinnern.

Ich will diese Haltung und das daraus entstehende Verhalten, welche in unserer westlichen (= leistungsorientierten und patriarchalen) und christlichen (= patriarchalen) Kultur begründet sind, nicht verurteilen. Diese Rollenverteilung hat lange genug gedient und ist nun ein Auslaufmodell. Selbstverständlich ist diese Tatsache auch den meisten Menschen im Tages-Bewusstsein klar, doch in tieferen unbewussten Schichten ist die Vorstellung immer noch vorhanden und wirkt bis in den Alltag hinein. Obwohl es inzwischen eine Binsenwahrheit ist, möchte ich betonen, dass Frauen und Männer typisch weibliche und typisch männliche Anteile in sich tragen, die gleichwertig sind und sich ergänzen. Die Spaltung zwischen dem *inneren Mann* und der *inneren Frau*, um diese Metaphern zu benutzen, ist der Grund für die größten Schwierigkeiten und Probleme, die ein Individuum haben kann. Also gilt es, dass jeder Einzelne in sich das Gleichgewicht zwischen männlichen und weiblichen Anteilen herstellt. Das heißt, dass tief und weit zurückliegende Wunden geheilt werden, damit die Versöhnung zwischen dem *inneren Mann* und der *inneren* Frau möglich ist. Dadurch stellt sich automatisch das Gleichgewicht ein. Eine Veränderung des Bewusstseins kann nur der Einzelne bei sich bewirken. Und da das Bewusstsein von vielen Einzelnen das Grundmuster und die Basis ist für das Kollektivbewusstsein, trägt der Einzelne durch seine eigene Veränderung, seine eigene Heilung, seine eigene Bewusstseinserweiterung zur Veränderung des Kollektivs bei.

Metaphysische Sicht

Erinnern Sie sich auch so gut wie nicht mehr an Träume, während Sie früher ganze Traumtagebücher füllen konnten? Mir geht es seit wenigen Jahren so. Ich wachte morgens nicht einfach nur auf. Nein, ich erlebte einen merkwürdigen Zustand. Ich war zwar wach, aber noch nicht richtig präsent. Ich konnte die Augen nicht öffnen, obwohl ich es wollte. Sie waren wie zugewachsen. Ich wusste auch nicht genau, wo ich war, sondern merkte nur, dass ich wach war. Mir war, als ob ich aus fernen Welten zurückkam, hatte aber leider nicht die geringste Erinnerung.

Das war zunächst frustrierend für mich. Ich hatte lange Zeit mit meinen nächtlichen Träumen gelebt und sie – so weit ich es konnte – für mein Wachleben genutzt. Ganz in dem Sinne, wie ich auch die Traumarbeit mit anderen Menschen machte.

Nach einiger Zeit wurde mir bewusst, dass es sicherlich eine Bedeutung hat, mich nicht mehr an Träume zu erinnern. Also machte ich mich daran, der Sache nachzugehen.

Ich entdeckte dabei einen Grund für Traumamnesie, der nur metaphysisch erklärt werden kann und den Rahmen psychotherapeutischer Erklärungen sprengt. Die herkömmlichen Träume beziehen sich auf unser Leben als Mensch auf der Erde. Haben wir die mit Konflikt beladenen Programme, die wir als Mensch verinnerlicht haben, so gut wie gelöst, werden wir keine Alpträume mehr haben. Höchstens wird gelegentlich ein Traum ein Ereignis aus dem Wachleben widerspiegeln, das uns berührt. Auch die lustvollen und abenteuerlichen Träume werden selten. Kurz, wir erinnern uns an fast keine Träume mehr.

Wir sind uns bewusst, auf dem Weg zu sein zum inneren spirituellen Erwachen.

Wir sind gewiss, mehr zu sein als erdgebundener Mensch. Wir sind davon überzeugt, einen göttlichen Funken in uns zu tragen. Wir lassen die Göttlichkeit immer mehr in uns zu. Wir erkennen, dass das Bewusstsein, der Geist, das Fundament allen Seins ist. Wir erfahren zunehmend, dass der Geist die Materie bestimmt. Dann stellen wir uns möglicherweise die Frage: *Was passiert in der Nacht? Wie beschäftigt sich unser Geist während des physischen Schlafes? Kann unser Bewusstsein im Traumzustand in eine andere Dimension hinübergleiten, in der unsere aktuellen Begriffe von Raum und Zeit nicht gelten, wie es die Esoterik sagt?* Auf diese Fragen haben wir in den letzten zehn Jahren viele Antworten aus der geistigen Welt erhalten.

Wenn Sie dies lesen und eine Empfindung von Wahrheit und der Verbindung zum Göttlichen in sich fühlen, dann lesen Sie weiter. Wenn Ihnen die Worte nichts bedeuten oder Sie sich befremdet fühlen, dann gehen Sie einfach zum nächsten Kapitel über.

Sie lesen weiter, weil Sie neugierig und offen sind, können aber mit meinen Worten und den Begriffen nichts anfangen? Dann stellen Sie sich wohl die Frage *Was ist mit »Wesen aus der geistigen Welt« gemeint?* Es sind Wesen in der nichtmateriellen Welt, in einem höher schwingenden Bewusstsein als das unsrige menschliche, Engelwesen und so genannte Alte Meister, Wesen also, die nach vielen Inkarnationen als Mensch zurückgekehrt sind in die rein geistige Dimension. Sie wirken als spirituelle Dozenten. Sie sprechen durch Menschen, die ihnen als Kanal – Channel genannt – dienen. Es gibt auch Gemeinschaften von Wesenheiten, die ihre Weisheit gebündelt durchgeben.

Beim Durchlesen von Channellings suchte ich besonders nach Passagen, wo es um Träume ging, oder besser gesagt, mir fielen solche Stellen sozusagen sofort auf. Ich war ja genügend sensibilisiert. Ich beschäftigte mich etwa mit einer ganz besonderen Frage, schlug einfach ein spirituelles Buch auf und *zufällig* fand ich genau die Stelle mit der Antwort zu meiner Frage. Dieses synchronistische Phänomen kennen viele Menschen. Da ich andererseits aber auch ein ziemlich kritischer Mensch bin, der zweifelt und Aussagen – auch oder gerade esoterischer Art – in Frage stellt, haben mich diese Aussagen nicht immer überzeugt. Ich suchte aber weiter. Dabei merkte ich mehr und mehr, wie sich meine Skepsis auflöste. Ich merkte es daran, dass ich beim Lesen plötzlich tiefer und freier atmete. Dass ich tief im Herzen gerührt war durch Freude und Erleichterung, sodass Tränen kamen. Tränen der Erleichterung und Freude. Ich fühlte mich verstanden, akzeptiert, geachtet. Ich konnte den Botschaften vertrauen. Es ging mir gut damit. Es überzeugte mich, was gesagt wurde. Es war so, als ob es aus mir selbst kam. Es war mein Wissen. Ich war überzeugt davon.

Ich ließ mir ganz persönliche Fragen von Wesen aus der geistigen Welt beantworten. Sie bestätigten fast ausnahmslos meine Vermutungen. Ich stellte Fragen, die eher Vermutungen waren, für die ich aber eine Bestätigung brauchte. Dann stellte ich Fragen aus reiner Neugierde. Auch diese wurden voller Achtung beantwortet. Voller Achtung und Liebe. Das berührte mich zutiefst.

Das Besondere an den Wesenheiten ist, dass sie betonen, dass sie nichts anderes tun, als uns Menschen zu channeln. Sie lesen unsere Energien und übersetzen und übermitteln unser eigenes Wissen an uns zurück. Wir haben so die Möglichkeit, sie uns von außen anzusehen, während wir sie zur selben Zeit im Innern erfahren. Der Verstand ist mit dieser Aussage überfordert. Es kann sein, dass er rebelliert, dass er Zweifel anmeldet, dass er negiert, was gesagt wird. Es übersteigt einfach sein Fassungsvermögen. Doch in der weichen liebevollen Energie, die uns einhüllt und für die sich unser Herz weit öffnet, kann sich der Verstand nach und nach beruhigen und findet seinen Platz in unserem Sein.

Ich stellte also die Frage: Was geschieht während des Schlafes? Was ist mit unserem Geist – unserem Bewusstsein –, wenn wir nachts schlafen und keine Erinnerung am Morgen haben?

Es folgen jetzt in Auszügen die Antworten, die ich zu meinen Fragen aus der geistigen Welt erhalten habe.

Während deines Schlafes geschehen verschiedene Dinge. Zum einen, und dies weißt du, dient es der Regeneration deines Körpers. Es ist eine Phase aus der Polarität. Es ist eine Ruhephase, um sozusagen das komplexe Werk der

Physis gebunden an viele energetische Situationen zu regenerieren und die vielen Gedanken und Gefühle, Eindrücke und Dinge, die über die polaren Ebenen den Körper berühren und durchfließen, und auch den Verstand in eine Ausgewogenheit zu bringen.

Auf einer zweiten Stufe des Schlafes werden die energetischen Körper, welche den physischen Körper umhüllen, nicht nur der physische Körper, von den geistigen Freunden, die um dich sind, in eine andere Schwingung gebracht. Es wird einiges verändert und geglättet. Dadurch werden die transformatorischen Prozesse in dieser so wichtigen Zeit der Bewusstseinsveränderung und Bewusstseinserweiterung, die durch die Begriffe Neue Energie und Quantensprung charakterisiert werden, zutiefst unterstützt und die energetischen Anhebungen der Erde im menschlichen Sein verankert. Es ist eine klärende und lösende Arbeit. Sie geschieht in völligem Einverständnis mit dir und deinen energetischen Belangen und deiner Absicht. Du stehst sozusagen energetisch daneben und unterstützt es.

Ich wollte jetzt wissen, warum ich morgens auf diese merkwürdige Weise wach wurde. Ich konnte eine ganze Weile lang meine Augen nicht öffnen, obwohl ich es wollte. Es war mir, wie aus fernen Welten zu kommen. Ich habe es oben schon erwähnt.

Was mich dabei regelrecht störte, war die Tatsache, dass diese Aufwachphasen oft von einem vagen Gefühl der Traurigkeit erfüllt waren, oder schlimmer noch, von einem Gefühl der Leere bis zur Sinnlosigkeit meines Seins. In der Meditation konnte ich mich zwar wieder ins seelische Gleichgewicht bringen, aber die Tatsache als solche beunruhigte mich. Ich meinte nun wirklich, alle alten Geschichten gelöst zu haben. Die Antwort, die ich erhielt, gab meinem Bewusstsein und meinem Wohlbefinden einen großen Schub:

Auf einer dritten Stufe bist du nachts in einer Ebene, die euch als die Neue Erde bekannt ist. Es ist eine energetische Welt, eine energetische Erde, ein Portal, das sich geöffnet hat, in dem aus den höheren feinstofflichen (geistigen) Ebenen viele sich einfinden und die feinstofflichen Anteile von dir und den Menschen ebenfalls nachts dort verkehren und als Lehrer wirken und unterrichten. Es ist eine Ebene der Liebe, eine Ebene des Flusses und des Höchsten Bewusstseins. Es ist eine Erde der neuen Dimensionen, die sich – und dieses weißt du bereits – anschickt einzufügen, einzustellen. Und so werden eines Tages die Neue Erde und die Alte Erde zu einem neuen Gefüge zusammenkommen. Und so befindest du dich in deinen höheren Sphären über deinem Geist dort in den Nächten, um die Engel und Meister zu lehren, was es heißt, als Mensch zu inkarnieren, was es heißt, in niedrigen Schwingungen zu leben, was all das bedeutet, was für dich so selbstverständlich ist.

Siehst du, in diesen Zeiten sitzen wir als Schüler dort, und du erzählst uns von der Alten Erde und dem langen Wege. Und so spürst du dieses, und so bleibt es wie eine Liebessehnsucht in dir, wenn du erwachst. Und so hast du kein Bewusstsein mehr über die Ereignisse der Nächte. Aber es klingt in dir, denn es bewirkt die Erinnerung an das, was du so lange vergessen hattest, dass die Liebe alle Zeit in dir wohnt und du die Liebe bist und sie niemals verloren gehen konnte. Du bist dort in deiner Vollkommenheit anwesend. Du bist ganz und dir deiner bewusst. Du lernst in deinen Nächten wieder aus der Seinsebene, aus der Schöpferebene, aus deinem Höchsten Bewusstsein der Ganzheit und der Vollkommenheit zu sein.

Und so gehst du zurück in den Körper und in die eine oder andere Schwingung im Alltag. Und dann empfindest du dies manches Mal wie eine Trauer. Es ist wie eine Erinnerung, eine Erinnerung eines Traumes, nicht mehr bewusst. Sondern du spürst einfach die Liebe, und das, was du dann manchmal als Verlorenheit und Einsamkeit spürst, was dein Herz wiederum in die Trennung gibt, was dein Becken wieder eng macht, ist nichts anderes, als dass du dann wiederum meinst, diese Ganzheit, diese Vollkommenheit in dir, die vollkommene Liebe nicht spüren zu können und wieder verloren zu haben. Doch dies ist ein Trugschluss. Es ist wie ein Schatten einer alten Geschichte, so wie etwas noch einen Abdruck hat, das schon lange vorbei ist. So, wie wenn sich der Rauch verzieht, noch eine Weile ein schwebendes Band und der Geruch nach dem Rauch fortwährt und eine Weile im Zimmer bleibt. Mache dir dieses bewusst. Und wenn du dann traurig bist, dann weißt du, wie groß die Ganzheit und deine Liebe ist. Nichts anderes als die Umkehrung einer Erfahrung, ein Abdruck, ein Schall und Rauch von dem Gegenüber, der Gegenseite der Medaille.

Weil sich dein Bewusstsein während der Schlafphase in vielerlei Ebenen gleichzeitig, im selben Moment, befindet, sind auch die Erlebnisse in einem höher schwingenden Bewusstsein. Dazu gibt es in der Ebene, in der du dich in deinem Menschsein jetzt in dieser Zeit aufhältst, noch keine Übersetzung. Sie sind für deinen Verstand aus dem Menschsein, aus dem Jetzt-Menschsein nicht übersetzbar. So ist im Moment noch die Schwierigkeit, dass in deinen Träumen die Bilder wie durch einen Filter laufen, durch eine Art Filter durch euren Verstand, durch euer Wissen. Und hier hat der Verstand noch keine Bilder, keine Erfahrungen und keine Assoziationsmöglichkeit, um dir in irgendeiner Form eine Erklärung, eine Art Dolmetschung zu geben. Deshalb ist es noch scheinbar leer. Und es gibt keine Erinnerung daran. Oder es gibt nur sehr fragmentierte Erinnerungssequenzen.

Was du mitnimmst in dein Energiefeld, aber auf der noch nicht sichtbaren Ebene, sind die Erfahrungen, die Bilder und das Erleben, weil es real ist, weil es oftmals realer ist als das, was du auf der irdischen Ebene erlebst. Dein Körper weiß es schon. Dein Geist weiß es auch. Nur dein Verstand kann *es dir nicht übersetzen. Dies ist eine Entwicklung. Wenn der Verstand eine neue Aufgabe hat, und ihr versteht die Dinge wahrzunehmen aus der tatsächlichen Wirklichkeits-ebene heraus, dann kommen natürlich auch neue Erfahrungen und somit Bilder und andere Frequenzen hinzu. Doch dieses braucht noch Zeit.* (Myriam, Maria Magdalena)

Es gab Zeiten, da war mir während der Aufwachphase, als ob ich unendlich weit, groß, ja allumfassend bin und von einer ganz starken Klarheit erfüllt. Dann nahmen Weite, Größe und Klarheit ab, schrumpften sozusagen in sich zusammen, ich schrumpfte in mir zusammen und schlüpfte in meinen Körper. Dann fühlte ich mich richtig wach und wieder in meinem Körper. Ich lag im Bett und dieses stand in meinem Schlafzimmer. Es war irgendwie ernüchternd.

Natürlich bat ich um eine Erklärung dafür.

Was du erlebt hast mit diesem Zusammenziehen, ist auch so, weil du ein Stück weit die Vorstellung hast, die du auf die Wörter »dehnen« und »hinaus schwingen« gelegt hast. So stelltest du dir vor, dein Bewusstsein ist sozusagen irdisch klein und in dir gefangen. Und wenn du hinaus-gehst, bist du frei vom Körper und von den körperlichen Dingen und bist dann hoch schwingend und groß. Dieses ist eine Vorstellung. Im Grunde genommen spürst du nur wieder die Schwingung und die Dichte und die Zusammen-ballung. Mit der Zeit wirst du spüren, dass dieses Große, Weite bleibt. Dass es lediglich ein Wechsel ist des Aggre-gatzustandes, ein Wechsel der Wahrnehmung. Wenn du wach bist in deinem Tagesbewusstsein und dich natürlich aus der physischen Ebene der Erde, der Körperlichkeit, der Polarität und auch der Schwingungsfrequenz von Materie (die langsam und schwer ist) *betrachtest, fühlst du dich natürlich auch physisch und somit in einer gewissen Enge und Kleinheit. Doch in Wirklichkeit bist du immer noch dieses große, hoch schwingende Wesen.*

Es wird dir mit der Zeit leichter sein, die Ebenen zu wechseln, auch im Tagesbewusstsein. Das ist, was unser Freund Saint-Germain (aufgestiegener Meister) meint, wenn er von »hinter das Mäuerchen gehen« spricht, aus dem Erlebnis heraustreten, aus der Energie. Sozusagen aus der Distanz Dinge zu betrachten, aus einer anderen Perspektive. Dann wirst du mit der Zeit ein Gefühl entwickeln, dass du in dieser Weite bist. Auch in deinem Alltag, in deinem Tagesbewusstsein. Und dass sozusagen dein Schöpferausdruck, deine Energie, sich nur durch deinen Körper umsetzt auf der Erde, um ganz materiell die Dinge in Fahrt zu bringen, zu schreiben oder zu erleben, eben zu fühlen, wahrzunehmen, umzusetzen. Siehst du, dieses wirst du mit der Zeit erleben, diese Bereitschaft, diese Dinge nun zu erkunden. (Kuthumi)

In dem oben erwähnten Buch *Die Entstehung der Realität* fand ich interessante Parallelen aus der modernen Physik zum oben Gesagten.

In einer anderen Durchsage hörte ich:

In den Nächten bist du schon sozusagen auf der Neuen Erde. Das weißt du ja auch. Du wechselst sozusagen wieder den Aggregatzustand. Du bist dann als die, die dich ausmacht, aktiv in einer feinstofflichen Frequenz – parallel zu der physischen – und somit wieder in einer anderen Schwingung. Und so geschieht es, dass Welten sich annähern, dass diese Grenzen anfangen zu verschwimmen. Darum werden Träume auch oft so plastisch und es ist kaum mehr zu unterscheiden, ob es eine reale Erfahrung war, oder ob man nun geschlafen und geträumt hat. Es nähert sich an. Die Verbindungsbrücke des Annäherns ist das Wissen, dass dieser hoch schwingende Bereich nicht verdichtet wird über dem Körper, sondern dass es nur eine andere Wahrnehmung ist. So, wie du dich vielleicht anders fühlst, wenn du in deiner Wanne bist, oder wenn du trocken bist. Es sind nur zwei verschiedene Zustände, die du definierst und wahrnimmst.

So bist du aber doch alles gleichzeitig, und diese Grenze wird sich mit der Zeit lösen. Und dafür braucht es lediglich deine Erlaubnis aus deinem Schöpfersein.

Die Überlagerungen der Energiefrequenzen, der Schwingungsfrequenzen, müssen sich anpassen. Es ist ja nicht so, dass dieses mit einem Wimpernschlag schon vollzogen wäre. Sonst würdest du es weder nachvollziehen noch verstehen können, sondern du als Forscher, als Schöpfer, möchtest natürlich auch die Schritte verstehen. Du bleibst dabei ein Stück weit Beobachter. Du nimmst es wahr. Du fühlst, wie es sich anfühlt. So kannst du Schicht für Schicht von diesem manifesten Glauben, von diesen manifesten Überlagerungen, der Langsamkeit der Prozesse, der Schwere, der irdischen Enge immer mehr durchlichten und lösen, bis es immer schneller geht, blitzschnell sogar, weil Energie eigentlich schnell ist. (Kuthumi)

Meine nächste Frage betraf die Rolle von linker und rechter Hirnhemisphäre in diesem Zusammenhang. In der Antwort wird auch etwas über den Verstand und von dort ausgehend über die Ernährung und eine neue Funktion von Verstand und Hirn und eine neue Nutzung von Energie gesagt.

*Diese Bereiche spielen natürlich dabei eine Rolle. Doch es berührt auch die **Drüsen**. Es wird mit der Thymusdrüse, mit dem Hypothalamus und allen Drüsen zu tun haben, auch mit der Hirnanhangdrüse. Diese werden sich weiterentwickeln. Sie werden sich auch medizinisch sichtbar verändern. Dieses System, das sozusagen bei der Entwicklung der Menschheit zum Erliegen gekommen ist, um Polarität überhaupt erleben zu können, wird sich wieder reaktivieren. Das führt zunächst zu einer gewissen Störung in der Wahrnehmung, auch zu Störungen im Körper. Es sind aber Übergangszeiten. Auch die Körper werden sich verändern. Das ist ein Bereich.*

Ein anderer Bereich ist, dass in der gesamten Fläche eures

Gehirns nur wenige Prozente genutzt werden. Hier gibt es Bereiche, die noch gar nicht erforscht und genutzt sind. Sie werden sich neu vernetzen. Es entsteht eine andere Art von Netzwerk im Gesamthirnbereich. Es entsteht vor allem ein Aufgeben der Definition, dass Hirn gleich **Verstand** ist. Verstand ist dann eine Ebene, eine mentale Ebene. Es ist ein Energiefeld.

Um dir das besser erklären zu können, nehme ich eine andere Ebene: die **Ernährung**. So weißt du, dass das Nahrungsmittel, das Lebensmittel, das, was du isst, auch Energie ist. Hier ist schon mehr Bewusstsein geschehen. So nimmst du Energie zu dir, nicht nur Vitamine, Kohlenhydrate, Ballaststoffe, wohlschmeckende Dinge usw. So ist das Verdauungssystem dazu da, um die Nahrung für den Körper aufzuschließen und zu nutzen. Doch gleichzeitig weißt du auch, dass in diesem Verdauungsbereich, z. B. im Bereich des Solarplexus, auch die Energie dieser Nahrungsmittel wahrgenommen wird. Die Information wird auch auf den energetischen Ebenen verteilt.

So ähnlich ist es mit dem **Hirn**. Das Hirn ist im Grunde genommen eine Schaltzentrale, die auch dazu dient, die menschliche, materielle Umsetzung der mentalen Kraft vorzunehmen und in die Materie hineinzuführen. Momentan ist es so, dass der Verstand sozusagen das Lebensmittel und an die Vorstellung gekoppelt ist, dass der Verstand nur mit dem Gehirn zu tun hat. Doch du verstehst auch über deine Hände, über deine Sinne, über die Gefühle. Du verstehst auf vielerlei Ebenen. Und dennoch bündelt es sich scheinbar als Essenz, als Sammelsurium von Gedankengut, von Wissen, in deinem Hirn und auch in anderen Ebenen.

So machst du diesen Ort nun zuständig dafür. So wird auch ein anderes Verständnis kommen für die Funktion von Körper und für den Einfluss von **Energie**. So werdet ihr Energie anders nutzen können, sei es durch das Wasser, sei es durch die Nahrungsmittel, aber auch durch das Wissen.

In jedem Wort schwingt auch eine Information. Es ist nur wie die Hülle, und darin ist eine Information. So wie das **kristalline Wissen***, mit dem du dich beschäftigt hast. Dieses Wissen ist an Worte gepackt, aber innen drin ist eine andere Wirkung, Das ist dann das, was zugeordnet und verstanden wird. So könnt ihr euch dann ernähren mit Materie oder auch ohne Materie. Und so werdet ihr verstehen, dass ihr manches Mal über das Essen die verkehrte oder auch zu viel Energie aufnehmt, mehr als euer Energiesystem braucht. Aber ihr meint, dass euer Körper es braucht. So gibt es hier viele Dogmen. Das hat mit Verstehen und Wissen, mit Weisheit und auch mit Macht, die damit verbunden ist, zu tun. Dies wird ein anderes Bewusstsein erhalten.*

So wird es auch mit dem **Verstand** *sein. So werdet ihr es anders lokalisieren und verstehen. Im Moment dient es lediglich als Konzept, das für das Rechts und das Links stellvertretend ist, für das Männliche und das Weibliche, für den Logos und für die Empathie. Dieses wird sich verschmelzen. Dies wird eine andere Hirnung sozusagen bekommen. Eine andere Vernetzung. Andere Synapsen werden sich aktivieren in dem Bereich des materiellen Wissens des Gehirns. Dieses geschieht noch. Dieses wird noch dauern.* (Babaji)

In der letzten Durchsage fragte ich dann, wie es komme, dass ich mich am Morgen nicht an die nächtlichen Ausflüge meines Bewusstseins erinnern könne, obwohl ich doch offen dafür sei und die Erlaubnis dazu gegeben habe. Eigentlich wusste ich genau, dass ich mich durch meine Ungeduld schon ein Stück weit überforderte. Doch es wurde noch ein anderer Aspekt erwähnt, der mir auch irgendwie bekannt vorkam, doch jetzt erst so richtig ans Licht gerückt wurde:

Aber du möchtest es genau verstehen. Sonst bist du am Ziel und merkst es oft gar nicht, sondern erlebst es als Verwirrung, als Veränderung, die dich fast schon überfordert, weil du nicht weißt, was zuerst, und dann in eine Pausen-

phase trittst, um wieder zu sortieren. So hast du nun be-
gonnen, dich mit dir auszusöhnen, einverstanden zu sein,
auch wenn das scheinbar Alte dich noch einmal einholt, dich
dafür zu segnen, weil du verstehst, dass du der Schöpfer da-
von bist, und dass es sich nicht von ungefähr zeigt, sondern
weil du einen Schmerz oder eine Distanz oder eine Verlet-
zung oder ein Glaubenssystem, wie immer du es nennen
möchtest, noch einmal finden und erspüren möchtest, die
Echos davon, die Abdrücke, die Reste, um es dann wieder zu
integrieren, damit diese Schöpfung dann in einer Stabilität
geschehen kann.

So ist dies tatsächlich ein Prozess. Doch es wird sich
beschleunigen, in dem Maße, wie du dich beschleunigen
kannst, weil du diese einzelnen Stufen dann immer mehr
gleichzeitig erleben und auch anerkennen kannst. Und sich
dann die Vorstellung, was ist überhaupt alt und was ist neu,
was ist überhaupt schnell und langsam, was ist überhaupt
Schöpfung, ganz auflöst und dir nur noch der Moment in
deiner ganzen Vielfalt zur Verfügung steht. Das ist aber
etwas Neues. Dies ist gänzlich neu für dein System, ist neu
für andere Systeme, für die Systeme all der Menschen, die
jetzt dabei sind, um überhaupt erst einmal zu verstehen,
was keine Definitionen mehr kennt, sondern sich nur noch
aus dem Jetzt ereignet, aus der eigenen Schöpfung heraus.
Und du willst auch dieses nachvollziehen und verstehen,
Treppchen für Treppchen, Schritt für Schritt, damit du gut
und fest und stabil darin stehst und in dieser Lebendigkeit,
Kreativität und Schöpferkraft dann ganz eingebettet bist.
Deswegen ist das im Moment noch wie in einem Prozess
und damit in einer Langsamkeit angelegt. (Kuthumi)

Bisher habe ich nur Informationen an andere wei-
tergegeben, wenn ich sie selbst an mir erfahren habe
und dadurch davon überzeugt war. Ich werde also zunächst weiter experimentieren.

TRAUMARTEN UND IHRE FUNKTION

Ich habe die Träume nach ihren Themen geordnet, wie sie bei mir und bei meinen Klienten auftraten. Sie gehen aus von Ereignissen des Alltags, berühren existenzielle Lebensfragen und dringen darüber hinaus in metaphysische Bereiche vor. Wenn ich den Träumen eine Funktion zuspreche, dann meine ich dabei vor allem die Konfliktträume oder Alpträume, die auf einen verdeckten Konflikt hinweisen. Da schreit die Traumseele regelrecht nach einer Auflösung. Andere Träume dagegen sind einfach bunt, phantastisch, auch grotesk. Das Traumbewusstsein spielt ganz einfach, leicht und voller Spaß. Man braucht diesen Träumen in psychologischer Hinsicht keine Funktion zuzusprechen. Sie sprechen für sich. Man kann sie aber kreativ nutzen, wenn man will.

Verarbeitung des Vortages

Die Konflikte und Sorgen des täglichen Lebens, die uns Menschen alle mehr oder weniger beschäftigen, lassen sich auch nach dem Zubettgehen nicht einfach beiseiteschieben. Sehr oft beschäftigen wir uns im Traumschlaf weiterhin damit, wenn nämlich das Bewusstsein vom physischen Geschehen gelöst ist. Eine der Funktionen unserer Träume besteht darin, diese störenden Eindrücke zu verarbeiten. Psychischer

Druck löst sich dabei ganz von allein auf, sodass wir uns am nächsten Morgen frei davon fühlen und uns wieder dem neuen Tag zuwenden können. Diese Alltagsträume sind nicht verschlüsselt und haben meist keine tiefere Bedeutung. Wir vergessen sie in der Regel sofort. Kommt uns allerdings auch nur ein Detail merkwürdig oder unerklärlich vor, dann sollten wir uns den Traum näher anschauen.

Oft tritt auch die tiefere Bedeutung eines Geschehens erst zutage, wenn dieses im Traum entsprechend interpretiert und neu erfahren wird. Unser Unbewusstes kann offensichtlich sehr gut mit Hilfe der gespeicherten Erfahrungen und durch Ressourcen, die uns bewusst noch nicht verfügbar sind, überprüfen, wie wichtig und schwerwiegend Probleme sind und inwieweit sie uns tatsächlich belasten. Es spiegelt gewissermaßen seine Sicht der Dinge wider und drückt aus, wie unser »Herz die Dinge« erlebt. Erinnern wir uns an einen solchen Traum, dann erkennen wir gleich, um was es geht.

Sehr oft allerdings geschieht die Verarbeitung von Tageserlebnissen ohne Erinnerung daran.

Wachen wir am nächsten Morgen erfrischt auf, dann haben wir das Erlebnis aus dem wachen Leben, das uns beschäftigt, auf einer tieferen Schicht als gut empfunden. Fühlen wir uns dagegen beim Aufwachen nicht wohl, sind noch Fragen offen oder Probleme nicht gelöst, dann sollten wir den Alltag, wie er sich im Moment für uns darstellt, überprüfen. Die Frage *Was beschäftigt mich im Moment so sehr, dass ich mich jetzt nicht wohlfühle* hilft oft weiter und lässt möglicherweise einen weiteren Traum entstehen, den wir erinnern und der die Angelegenheit auf eine bessere Weise zu lösen hilft.

Einfache Warnträume

Im Verlauf eines Tages nehmen wir nicht alle Reize und Einflüsse bewusst wahr. Auf einer unterschwelligen Ebene haben wir aber durchaus einiges bemerkt, welches nachts im Traum wieder erscheint. So kann uns das Unterbewusste auf Zusammenhänge aufmerksam machen, die im Wachbewusstsein verborgen bleiben. Wir erkennen im Traum also nicht gleich, worum es geht. Haben wir beispielsweise, ohne es bisher festgestellt zu haben, den Hausschlüssel verlegt, könnten wir träumen, dass wir ihn verzweifelt suchen. Oder der Traum zeigt, dass die Terrassentür weit offen steht. Dann sollten wir gleich beim Erwachen prüfen, ob wir sie am Vorabend tatsächlich geschlossen haben. Einen Traum dieser Art bezeichne ich als einfachen Warntraum. Diese Warnung ist erst einmal auf der ganz konkreten Ebene zu verstehen, bevor nach einem tiefer liegenden Sinn zu suchen ist.

Körperlich verursachte Träume

Eine Ebene des Traumlebens befasst sich offenbar besonders mit den biologischen Bedingungen des Körpers. Zwischen allen Teilen (Organsystemen, Organen und Zellen) des Körpers besteht eine ständige Kommunikation. Im Bereich der Medizin erkennen zum Glück immer mehr Ärzte, dass es keine Trennung zwischen Bewusstsein, Psyche und Körper gibt. Der Klarheit wegen möchte ich den einzelnen Begriffen das für mich Wesentliche zuordnen. Mit **Bewusstsein** meine ich (tages-)bewusste und unbewusste Aspekte bis hin zum spirituellen Bewusstsein, das ich Geist nenne. Unter **Psyche** verstehe ich die Wahrnehmung und Erfahrung der eigenen Persönlichkeit unter besonderer Berücksichtigung der Gefühle. Der **Körper** ist der physische Ausdruck für die Inhalte des Geistes, geformt und durchdrungen von diesem. Das Zellbewusstsein ist also mit dem Geist und folglich mit dem Traumsystem verbunden.

Die Erkenntnis, dass die bewusste Absicht, gesund zu sein, und die daraus resultierenden guten Gefühle den Körper beeinflussen, ist inzwischen fast schon selbstverständlich geworden. Dass die Umsetzung in der Praxis nicht immer gelingt, weiß ich. In uns (noch) nicht bewussten Anteilen kann durchaus Krankheit programmiert sein. Auch daran sehen wir, wie nützlich es ist, möglichst viele Anteile aus dem Schatten ins Licht zu bringen.

In der Hektik des Alltags nehmen viele Menschen winzige körperliche Empfindungen nicht wahr. Sie haben ein solch distanziertes Verhältnis zu ihrem Körper, dass sie erst richtig krank werden müssen, um sich ihm zuzuwenden. Allerdings gibt der Körper schon im Vorfeld von Krankheiten Signale von Unstimmigkeiten ab. Nimmt der Mensch diese nicht wahr oder wertet er sie ab, kann das Unbewusste über einen Traum nachfassen. Die Metaphysik sagt dazu, dass wir uns, wie ich schon erwähnte, im Zustand des körperlichen Schlafes bewusstseinsmäßig aus dem Körper entfernen und uns in anderen, nicht-physischen Seinsebenen bewegen. Von dort aus nehmen wir unseren Körper wahr und verbinden neue Erkenntnisse mit den Informationen unserer Sinne, organisieren beides ohne Zweifel. Die Zweifel entstehen erst dann, wenn unser Verstand beim Erwachen nicht in der Lage ist, diese neuen Daten auf seiner Ebene, nämlich der physischen Ebene, zu begreifen. Er kann es nicht fassen.

Dann bleibt der Traum *unverstanden* und *unbegriffen* und wird entweder abgewertet oder vergessen.

Beispiele dazu gibt uns der Neurologe Oliver Sacks. Er berichtet von wiederholten Fällen, in denen Patienten sowohl den Ausbruch als auch die Besserung von einer Krankheit im Voraus träumen. Auch er nimmt an, dass der *träumende Geist* eher Veränderungen der neuralen Funktionen wahrnimmt als das Wachbewusstsein.

Ich selbst erinnere mich an eine Folge von Träumen im Verlauf von zwei Jahren, in denen mir immer der gleiche Backenzahn ausfiel. Beim Wachwerden war ich sehr verwundert, denn ich spürte weder Schmerzen, noch war der Zahn irgendwie locker. Ich ging dann nach einiger Zeit zum Zahnarzt, der nur durch Röntgen eine geringfügige Veränderung an der Zahnwurzel feststellen konnte. Träume dieser Art sollte man auf jeden Fall erst einmal wörtlich nehmen und sich untersuchen lassen. Oft liegt eine Störung von Körperfunktionen zugrunde, welche sich später oft zu einer organischen Erkrankung ausweiteten kann.

In meiner psychotherapeutischen Arbeit habe ich selten mit solchen Träumen zu tun gehabt. Die Klienten wissen, dass sie ein psychisches oder psychosomatisches Problem haben. Ihr Fokus ist bereits auf den psychischen Aspekt des Themas gerichtet. Auch mein Traum vom Backenzahn hatte nicht nur einen körperlich verursachten Grund. Mehr dazu finden Sie unter dem Abschnitt Traummotive.

Es kommen freilich auch Träume über Erkrankungen vor, bei denen sich selbst bei umfassender Untersuchung keine krankhaften Veränderungen feststellen lassen. In solchen Fällen hat der Traum einen symbolischen Charakter. So weist möglicherweise eine Herzerkrankung im Traum auf einen Konflikt im Gefühlsbereich hin, der von der Person im Wachen verdrängt wird. Sie muss vielleicht zur Kenntnis nehmen, dass etwa eine Begegnung mit einem Menschen, die sie für *unbedeutend* hielt, das harte Wort des Chefs oder die lieblose Behandlung durch den Partner in ihr nachwirken. Die Botschaft der Psyche wird leider vom bewussten Ich nicht immer gern angenommen. Auch ein Hinweis auf eine chronische Überarbeitung und das schonungslose Umgehen mit den eigenen Kräften wird schnell abgewertet.

Zusammenfassend lässt sich sagen, dass Krankheitsträume die innere Situation schildern. Sie verlangen Beachtung, wenn man seelisch und physisch gesund bleiben will.

Problemlösungsträume

Oft bietet uns der Traum eine Lösung für ein Problem an, welches uns im Wachbewusstsein beschäftigt. Dazu zähle ich nicht die Probleme, deren Ursachen tiefer in unserer Biografie begründet liegen. Die gehören zu der Gruppe der Konfliktträume (Alpträume). Ich meine damit Probleme, die wir durch Nachdenken und Beschäftigen mit dem Thema auch ohne Traum gelöst hätten. Die Traumkraft aber bringt uns die Lösung schneller und konkreter.

Zu der Zeit, als ich mich intensiver mit meinen Träumen zu beschäftigen begann, gelang es mir nicht, einen antiken, aus Silber getriebenen Kerzenleuchter zu reinigen. Die Rillen und Vertiefungen waren durch herabgelaufenes Wachs verstopft. Mit den herkömmlichen Putzmitteln kam ich nicht weiter. Ich war neugierig und wollte wissen, ob mir die Traumkraft tatsächlich helfen würde. Also bat ich abends um einen Rat. Im Traum nun reinigte ich den Leuchter mit Zitronensaft, was ich dann am folgenden Morgen auch gleich ausprobierte. Es gelang. Möglicherweise hatte ich irgendwann einmal etwas darüber gelesen, erinnerte mich jedoch überhaupt nicht daran, als ich den Leuchter putzen wollte. Jedenfalls hatte mir mein Unbewusstes geholfen. Seither bitte ich in Konfliktsituationen immer meine tieferen Bewusstseinsaspekte, mir Hinweise zu geben. Auch wenn diese Hinweise nicht immer praktisch voll nutzbar sind, werde ich dadurch angeregt, nach weiteren Lösungen zu suchen.

Ein schönes Beispiel für die Hilfe bei einer Schwierigkeit schildert Sacks aus eigenem Erleben. Nach einer Beinverletzung sollte er anstatt bisher zwei nur noch eine Krücke benutzen. Er versuchte es und fiel unweigerlich hin. Er berichtet: *Ich schlief ein und träumte, ich streckte meine rechte Hand aus, nähme die Krücke von der Wand, klemmte sie unter den rechten Arm und machte mich ganz selbstverständlich und voller Selbstvertrauen auf den Weg, den Korridor entlang* (Die Nachtmahr als Lehrerin, Die Zeit). Nach dem Erwachen folgte er dem Traumbeispiel und konnte sich problemlos bewegen.

Angstbeladene Träume beziehen sich gelegentlich auf bevorstehende Ereignisse oder Handlungen, etwa ein Examen, eine größere Reise, eine Operation, einen Berufswechsel, die uns beunruhigen. Solche Träume haben also einen konkreten Inhalt, den wir auch gleich erkennen. Sie sind nicht oder kaum verschlüsselt. Die Träume scheinen uns zu helfen, die bevorstehende Stress-Situation zu bewältigen und auf diese Weise Spannungen abzubauen.

Dazu haben die beiden amerikanischen Forscher C. Winget und F. Kapp eine interessante Studie angelegt. Sie sprachen mit 70 Frauen, die ihr erstes Kind erwarteten, und untersuchten den Zusammenhang zwischen Traum und bevorstehender Geburt. Als diese Frauen ihr Kind zur Welt brachten, dauerte die Entbindung

bei 31 Frauen weniger als 10 Stunden,
bei 31 Frauen 10 bis 20 Stunden und
bei 8 Frauen mehr als 20 Stunden.

Die durchschnittliche Entbindungsdauer beim ersten Kind liegt bei 18 Stunden vom Beginn der regelmäßigen Wehen an bis zum Austritt des Kindes. Mehr als 80 % der Frauen, die in weniger als 10 Stunden entbanden, hatten über Angstträume im Zusammenhang mit der bevorstehenden Geburt berichtet. Frauen mit mehr als 20 Stunden hatten vor der Geburt so gut wie keine Träume in Bezug zur Geburt. Frauen mit einer mittleren Rate an Angstträumen hatten eine mittlere Entbindungsdauer. Je mehr Angstträume die Frauen also vor der Entbindung hatten, umso schneller waren sie imstande, ihr Kind zu gebären. Die beiden Forscher folgerten daraus, dass manche Angstträume offenbar dazu dienen, eine Stress-Situation des realen Lebens schon im Voraus im unbewussten Traumerleben zu bewältigen.

Hinweise auf Kreativität

Die Metaphysik gibt uns eine Erklärung für die Zusammenhänge zwischen Traumbewusstsein und Kreativität. Träume werden als eine Art unbewusstes und doch strukturiertes Spiel unseres träumenden Geistes dargestellt, spontan und vergnügt mit sich spielend, frei von allen Sorgen des praktischen Lebens. Kreativität wird mit einer Schwelle verglichen, an der sich die Realität des Traum- mit der des Wachzustandes verbindet, um Werke oder auch Ereignisse zu erschaffen, die sozusagen beiden Realitäten zugehören.

Die Malerei liefert uns die anschaulichsten und buntesten Beispiele dafür. Bilder der Surrealisten des 20. Jahrhunderts scheinen direkt aus einem Traum entsprungen zu sein. Der 1995 verstorbene Wiener Maler Rudolf Hausner, der sich dem phantastischen Realismus zuordnete, berichtete öfters, dass er die Motive für seine Bilder aus seinen Träumen entnahm und sie als Ausdruck seiner inneren *psychischen* Bilder verstand. Zwei Maler aus früheren Jahrhunderten wie Hieronymus Bosch (1450–1516) und Giuseppe Arcimboldo (1527–1593) könnte man ohne Weiteres den Surrealisten zuordnen. Auch in der Literatur drückt sich die Kreativität des Traumes unmittelbar im Werk des Künstlers aus. So erklärten die Dichter R. L. Stevenson, Grillparzer und Dostojewski, dass sie immer wieder Stoff für ihre Werke aus ihren Träumen nahmen.

In meiner Traumgruppe berichtete eine Teilnehmerin von immer wiederkehrenden Träumen, in denen sie eine malende Künstlerin ist. Sie hielt nichts von diesen Träumen, weil sie sich nicht zutraute zu malen. Sie war zwar sehr geschickt bei kunsthandwerklichen Arbeiten, hatte bisher jedoch noch nie etwas Eigenes geschaffen. Nach einer entscheidenden Traumarbeit und mit meiner und der Ermunterung der anderen nahm sie schließlich einen Pinsel zur Hand und fing an. Es brach wie ein Vulkan aus ihr heraus. Nach einem knappen Jahr eröffnete sie ihre erste Ausstellung.

Ich selbst hatte auch einen prägenden Traum für meine (zur Zeit des Traumes) noch schlafende Kreativität. Zwei Jahre, bevor ich einen Kunstkurs belegte, träumte ich, dass ich mit meinem Auto religiöse Skulpturen der Romanik aus einem Land des Ostblocks rettete, wo sie zerstört werden sollten. Ich suchte einen neuen Platz für sie, wo ich sie ganz sicher Menschen zeigen könnte, die ihren Wert zu schätzen wissen. Ich hatte diesen Traum längst vergessen, als ich künstlerisch zu arbeiten anfing. Viele Jahre lang stellte ich in meinen freien Stunden Plastiken aus Stahl her. Das Material dazu suchte ich mir auf Schrottplätzen, wo es, wie meine Traumkraft es sah, der Zerstörung preisgegeben war. Ich gestaltete es um und gab ihm eine neue Form, *rettete* es sozusagen.

Bei Jane Roberts (siehe oben) heißt es:

In einem gewissen Sinne haben alle unsere Fähigkeiten, auch die Sprache, ihre Wurzeln im Traumzustand. Der Mensch träumte, dass er spreche, lange bevor die Sprache geboren wurde. Er träumte vom Fliegen, und dieser Impuls führte zu den materiellen Erfindungen, die das mechanische Fliegen möglich machen.

Die Träume sind eng mit Lernprozessen verknüpft. Lange bevor Kinder zu krabbeln beginnen, träumen sie vom Gehen und Laufen, und diese Träume dienen ihnen als Antrieb. Kunst und Wissenschaft spiegeln natürliche Tendenzen wider, die im menschlichen Geist enthalten sind. Sie sind zuerst im Traumzustand als mehr allgemeine denn spezifische Züge vorhanden und werden dann im Wachzustand zu speziellen, zündenden intellektuellen Tendenzen. Schon in Zeiten der Vorgeschichte der Menschheit träumten die Stammesangehörigen wilder Naturvölker von Städten. Der Traumzustand gibt den Anstoß zum Wachstum.

Für mich sind Sciencefiction-Filme hervorragende Beispiele für das grenzenlose Spektrum der menschlichen Kreativität. Sie sind Visionen und – nach meiner Meinung – realisierbar. Was wäre die heutige Entwicklung ohne die Visionen von einigen Vorläufern, Menschen, die ihrer Zeit weit voraus waren?

Zusammenfassend gilt also: Träume weisen uns auf verdeckte Talente und kreatives Potenzial hin, die nur darauf warten, erschlossen zu werden.

Alpträume (Hinweise auf verdrängte Konflikte)

Jedes Kind wird mit ganz eigenen Fähigkeiten, Interessen und Bedürfnissen geboren. Eine Fülle von Möglichkeiten stünde ihm offen, würde es sich nicht einer ganzen Anzahl von Einschränkungen gegenüber sehen. Gebote und Verbote wird ein Kind zwar kennenlernen, damit es fähig wird, sich in der Gemeinschaft zurechtzufinden und sich selbst und andere nicht zu gefährden. Doch leider haben die meisten von uns zu starke Einschränkungen der eigenen Impulse und Bedürfnisse als Kind erlebt. Erinnern Sie sich? Du warst ein neugieriges Kind. Du hast immer neue Dinge entdeckt und ausprobiert. Und du fandest das toll. Ganz begeistert wolltest du das deinen Eltern zeigen und erklären, was du gerade entdeckt hast. Und dann: *Nein, das ist nicht gut!* oder: *Zu was soll denn das gut sein?* oder: *Nein, du bist jetzt still!* oder gar: *Nein, du bist ganz und gar unmöglich.*

Nun werden jede Mutter und jeder Vater bewusst nur Gutes für ihr Kind wollen. Aus Unwissenheit und Unvermögen aber wird in den Kindern oft Angst erzeugt, die sich hemmend auf ihre Entfaltung auswirkt.

Das Kind spaltet also die *bösen* Aspekte ab, weil es seine Eltern liebt und es ihnen recht machen will. Dabei verkümmern die Impulse zur freien Lebensgestaltung, welche später nur mit Mühe wiederhergestellt werden können, denn die Einflüsse der ersten Kindheitsjahre bestimmen das ganze weitere Leben. Ein Kind verinnerlicht die von den Eltern kommenden Gebote und Verbote so sehr, dass sie zu seinen eigenen werden. Es bilden sich quasi innere Elternstimmen, die die Person später im Leben als seine eigenen erlebt, ohne zu wissen und zu fühlen, dass es im Grunde fremde, weil nicht aus ihm selbst kommende, sondern *hereingenommene* Werte, Meinungen und sogar Bedürfnisse sind.

Die Elternstimmen könnte man auch als das Gewissen bezeichnen, jedenfalls als eine zensierende Instanz, die den eigenen Trieben, Bedürfnissen und Impulsen kritisch und hemmend gegenübersteht. Im späteren Erwachsenenleben sind diese Aspekte weiterhin abgespalten, ohne dass sich der Erwachsene in der Regel darüber bewusst ist. Statt dessen projiziert er oft diese ungeliebten Anteile in andere Menschen. Er lehnt sie ab, weil er sie in sich selbst nicht erkennt oder nicht wahrhaben will. Doch das sich ständig entwickelnde Bewusstsein erkennt dies und möchte die verloren gegangenen kindlichen, das heißt elementaren vitalen Anteile wieder integrieren. Eine Möglichkeit dazu sind Alpträume. Im Traum wird das Ich gejagt von bedrohlichen, schattenhaften Gestalten oder von Tieren. Wovor läuft es weg? Vor inneren abgespaltenen Aspekten. Es träumt von Kämpfen oder von Kriegen. Es sind Kämpfe und Kriege, die es mit sich selbst führt.

Trotz bei einem etwa zweijährigen Kind und die Abgrenzungen des Jugendlichen in der Pubertät gehören zu einer vorübergehenden Phase in der Persönlichkeitsentwicklung. Sie sind wichtig für die Bildung zur Autonomie, sind aber in sich kein Zeichen von Selbstbewusstsein und innerer Freiheit, auch wenn es im äußeren Leben so scheint. Sie sollen dazu verhelfen. Beide reagieren auf die Elternstimmen und zwar zunächst auf die äußeren, zunehmend aber auf die inneren Elternstimmen. Bleibt ein Mensch in dieser inneren Trotzstruktur hängen, hat er in seinem Leben Probleme, indem er sich fast zwanghaft selbst *Steine in den Weg legt*, obwohl sein erwachsener Anteil anderes will und entscheidet.

Als Gegenpol dazu kann das Kind erleben, dass ihm zu wenig Grenzen gesetzt werden. Grenzen sind aber nicht nur Einschränkungen, sondern bieten auch Schutz und Sicherheit. Kann sich das Kind nicht an vorgegebenen Grenzen orientieren, fühlt es sich unsicher und entwickelt Angst. Je nach eigener genetischer Struktur kann es sich nicht zu seinem vollen Potenzial entwickeln, sondern bleibt schlimmstenfalls abhängig und gehemmt oder schüchtern.

Zu den Geboten und Verboten der leiblichen Eltern kommen die der gesellschaftlichen Autoritäten (Schule, Staat, Kirche) hinzu. Ein Kind kann sich diesen Autoritäten gegenüber nicht durchsetzen.

Erlebt der Erwachsene in seinem Leben einen Konflikt zwischen Verstand und Gefühl, dann geht dieser Konflikt in der Regel auf einen Konflikt zwischen seinen *inneren* Eltern und dem *inneren* Kind zurück. Während das Kind ohne die Fürsorge seiner Eltern hilflos ist, besitzt der Erwachsene angemessene Möglichkeiten, sich in schwierigen Lagen zu behaupten. Weil er sich aber in bestimmten Situationen immer noch hilflos wie ein Kind erlebt, ist er blockiert und handelt wie ein Kind. Das Fatale daran ist, dass er als Erwachsener meist nicht mehr weiß, wozu und unter welchen Bedingungen er sich einmal einschränken musste. Das kann meist nur in einer Psychotherapie aufgedeckt werden, wobei die Träume ein ganz wesentlicher Weg zum Aufspüren verdeckter Blockaden sind.

Im späteren Leben gehen vielen Menschen auch die Möglichkeiten verloren, die ihnen während der Kindheit oder in der Jugend noch Freude und Spaß machten. Unter dem Druck der täglichen beruflichen Pflicht wird der Raum für kreative Lebensgestaltung und für die Verwirklichung individueller lebendiger Wünsche immer enger, bis es schlimmstenfalls zur inneren Leere, zu chronischer Unzufriedenheit oder gar zur Krankheit kommt. Die Ursachen sind den meisten Menschen nicht oder nur vage bewusst. Vielen, die ihren Mangel an Lebensfreude durchaus kennen, fehlt es an Mut und Energie, um etwas konstruktiv in ihrem Leben zu verändern.

Eine der wichtigsten Funktionen der Träume besteht eindeutig darin, auf die brachliegenden oder in der frühen Kindheit verdrängten oder abgespalteten Bedürfnisse, Impulse und Ressourcen aufmerksam zu machen. In den verdrängten Impulsen ist psychische Energie gebunden, die der Person im Alltag nicht zur Verfügung steht. Das Unbewusste protestiert gleichsam gegen die Unterdrückung nicht gelebter Möglichkeiten, indem es Träume schickt, die den Träumenden aufwecken und aufschrecken sollen. Es schickt Alpträume. Diese sind also Angstträume, die es gilt zu beachten, um die verloren gegangenen kindlichen Aspekte wieder zu finden, zu verstehen und zu integrieren. Es gilt sozusagen, alle Aspekte des inneren Kindes zu vereinen und damit zu heilen und ganz zu werden. Heilung heißt Ganzheit. Alpträume sind also Mitteilungen im positiven Sinne, auch wenn sie noch so viel Angst und Panik auslösen. Der starke Aufforderungscharakter dieser Träume wird oft noch dadurch sichtbar, dass die Träume als Serie auftreten.

Wie sehr Einschränkungen und Hemmungen vom Unbewussten her über Träume gespiegelt werden können, zeigt ein Traum von Elisabeth, einer Angestellten Mitte dreißig, die alleine lebt und über Konflikte mit Kollegen berichtet. Sie macht einen verhaltenen, fast schon schüchternen Eindruck. Es hat lange gedauert, bis sie sich für die Arbeit an ihrem Traum entschlossen hat.

Ich komme in meine Wohnung und wundere mich, dass die Wohnungstür offen steht. Drinnen befinden sich viele fremde Leute. Ein Priester ist auch da. Ich frage die Leute, was sie wollen. Sie geben keine Antwort. Sie scheinen es aus Gedankenlosigkeit getan zu haben. Ich bin hilflos und wie gelähmt.

Ich habe in meinen Traumgruppen immer wieder erlebt, wie locker sich eine Person während der Traumarbeit verhält. Das *Kind* im Klienten darf spielen. Es erhält die Erlaubnis, es selbst zu sein und zu spielen. Das macht einfach Spaß. Ich nenne deshalb die Traumarbeit auch Traumspiel.

Elisabeth dagegen bleibt, während sie unter meiner Anleitung die Bilder des Traumes mit verteilten Rollen spielt, eher stumm, genauso wie im Traum. Sie fühlt sich nicht imstande, die Leute aus ihrer Wohnung zu weisen. Andere Teilnehmer aus der Gruppe drücken aus, wie sie auf diese Eindringlinge reagiert hätten, nämlich mit Zorn und Empörung. Sie hätten die Leute ganz energisch aus der Wohnung gewiesen. Behutsam frage ich Elisabeth nach ihrem Leben. Es zeigt sich, dass sie privat isoliert und im beruflichen Bereich eher zurückhaltend ist. Sie fühlt sich ganz abhängig von der Meinung und dem Verhalten anderer Menschen. Dies zeigt der Traum ganz krass. Fremde Menschen dringen einfach so in ihre Wohnung ein. Sie ist bei sich selbst eher Gast. Sie hat nie gelernt, sich gegenüber anderen abzugrenzen, ihren eigenen Standpunkt und ihre eigenen Bedürfnisse zu finden. Sie richtet sich ganz nach fremden Autoritäten, verkörpert durch das Bild des Priesters.

Dieser extreme Konflikt wurde ihr im Gespräch über den Traum bewusst, welcher in leicht abgewandelter Form schon öfters aufgetreten war. Ich riet ihr zu einer fortlaufenden psychotherapeutischen Behandlung, denn eine einzige Traumarbeit kann keine völlige Lösung in einem solch komplexen Thema bewirken.

Dagegen kann ein einziges Traumspiel zu einem Ergebnis in einem therapeutischen Prozess führen, das bei der herkömmlichen Art des Gespräches erst nach mehreren Monaten erreicht wird. Der Traum führt direkt zu den Bereichen des *inneren* Kindes, wo die Blockaden fixiert sind. Es wird in keiner Weise gewertet. Das *innere* Kind des Träumers wird voll akzeptiert, ja es kann sogar alle seine kreativen Möglichkeiten ausspielen. Es merkt dabei, und natürlich der Erwachsenenanteil auch, dass es ganz schön clever ist und dass das Spielen Spaß macht. Es fühlt sich in seinem Element. Es fühlt sich verstanden. Es vertraut sich. Vertrauen und Spaß sind die Basis, um neue Möglichkeiten auszuprobieren, die es bestenfalls während des Spiels selbst entdeckt. Wenn sich der Klient sehr schwer tut, oder anders gesagt, wenn dem *inneren* Kind, ängstlich und gehemmt wie es ist, nichts einfällt, dann mache ich Vorschläge, rege Lösungen an, verordne sie aber nicht.

Wenn das *innere* Kind sehr trotzig ist, wird es aus Gewohnheit keine Anregungen annehmen wollen. Wenn es aber wegen der Blockade nicht zu einem Lösungsansatz aus sich heraus kommt, greife ich ein. Das *innere* Kind erfährt jetzt, dass es ohne Bedingung akzeptiert wird. Und weil ja ohnehin *alles ein Spiel ist*, nimmt es die Vorschläge und Anregungen an, obwohl sie von einem äußeren Menschen (in diesem Fall von mir) kommen. Es braucht den Trotz nicht mehr, weil es sich verstanden fühlt.

Je nach Intensität des Themas kommt die Lösung aus dem Kind oder aus dem Anteil des Erwachsenen. Immer sind die Gefühle einbezogen, wie es kindgemäß auch sein soll. Intellektuelle Deutungen kommen in der Regel nicht vor. Wenn sie vom Klienten gewünscht werden, dann sprechen wir nach der eigentlichen Arbeit über die Bedeutung des Traumes. Der Verstand soll nicht ausgeschlossen bleiben. Auch während des Traumspiels steht er gleichsam wachsam zur Seite, dominiert aber nicht. Wie ich schon sagte, wird er je nach Thema sogar als Berater genommen. Er steht für den Erwachsenenanteil.

Ein Alptraum ist voll von unangenehmen Gefühlen für das Traum-Ich. Mit Traum-Ich ist die Person der Träumerin oder des Träumers gemeint, wie sie sich im Traum selbst erlebt. Der Konflikttraum enthält in aller Regel auch eine Vielzahl von verschlüsselten Bildern, sodass der Träumer beim Aufwachen mit dem Traum nichts anfangen kann.

Ein Grund dafür ist die Tatsache, dass der Träumer wie jeder andere Mensch seinen *blinden Fleck* für eigene Verhaltens- und Erlebnisweisen hat, die andere bei ihm durchaus erkennen, die er selbst aber nicht wahrnimmt. Geht er nun allein an die Deutung seines Alptraumes heran, wird er dabei durch seinen *blinden Fleck* behindert. Es kann also sein, dass er sich allein ganz wichtige Hinweise nicht erschließen kann. Damit wäre eine durch den Traum gebotene Chance vertan.

Die Selbstanalyse eines Alptraumes wird auch dadurch erschwert, dass der innere Widerstand gegen die Bewusstmachung der früh erlittenen Traumata so stark ist, dass die Traumbilder bis ins Unerklärliche verzerrt sind und sich dem Träumer ohne Hilfe nicht erschließen. Mit innerem Widerstand meine ich die Instanz, die den Träumer schützen will vor dem erneuten Erleben der schmerzhaften Gefühle. Es handelt sich also zunächst um einen sinnvollen Selbstschutz. Das Kind in uns fürchtet diese Gefühle. Die innere Heilinstanz jedoch weiß, dass blockierte Gefühle als psychische Energie freiwerden müssen, und sendet uns die Träume. Mit Hilfe einer vertrauten Person wagt sich das Kind eher an die Entdeckung der verdrängten Erlebnisse heran. Daher ist es notwendig, Konfliktträume, die einer Selbstdeutung nicht zugänglich sind, im geschützten Rahmen einer Psychotherapie zu erschließen. Leidet die Person an einer Depression oder einer sonstigen psychischen Störung, dann kann eine Selbstanalyse sogar die Symptome verstärken. Hier ist auf jeden Fall die Hilfe eines Therapeuten notwendig.

Wie stark das Thema eines Alptraumes für den Träumer mit Angst besetzt ist, kann man daran erkennen, dass die Traumbilder verfremdet sind. Wie wichtig hingegen die Auseinandersetzung mit dem verdrängten Thema für das Leben des Träumers ist, zeigt die Tatsache, dass sich solche Träume wiederholen, manchmal in leicht abgewandelter Form. Dass es sich aber immer wieder um das gleiche Thema handelt, erkennt der Träumer sofort. Beginnt er zu ahnen, worum es in seinem Leben geht, will es aber noch nicht wahrhaben, wird der Traum so lange wiederkehren, bis er genau *hinsieht*.

Welche Mitteilung auch immer uns der Traum bringt, er reflektiert auf jeden Fall etwas, das uns zur Zeit des Traumes bewegt oder bedrückt. Selbst wenn der Traum tief liegende, seit Langem bestehende Probleme berührt, zeigt er immer, dass diese Probleme uns im Moment betreffen.

Nicht jeder Traum, der sich mit verdrängten Erfahrungen befasst, erfordert eine Deutung. Beim Lesen meines Traumtagebuches stelle ich immer wieder fest, dass in der Handlung und in den Bildern eines Traumes mit dem gleichen Thema eine Entwicklung zu erkennen ist, die ich auch ganz konkret vollzogen habe.

Manche Konflikte werden über die Träume im Laufe der Zeit verarbeitet und dann endgültig vergessen.

Ähnlich wie der Körper hat auch unsere Psyche Selbstheilungskräfte, die dazu beitragen, mit Belastungen aus eigener Kraft fertig zu werden. Wenn uns ein Traum aber nachhaltig beeindruckt und uns immer wieder beschäftigt, möglicherweise als Serientraum wiederkehrt, ist das ein Signal dafür, dass man sich damit beschäftigen sollte. Wie eine solche Traumarbeit aussehen kann, zeige ich in einem eigenen Kapitel.

Kompensatorische Träume

Kompensatorisch nenne ich solche Träume, in denen man sich reich und glücklich fühlt, besonders wenn sie in Krisenzeiten auftreten. Wünsche und Bedürfnisse rufen psychische Spannungen hervor, wodurch Antriebskräfte bereitgestellt werden, um die Bedürfnisse zu erfüllen. Wird uns aber die Befriedigung versagt, oder ist sie gegenwärtig real nicht möglich, dann steigern sich die Spannungen. Es kann auch sein, dass ein Teil in uns die Befriedigung im Wachleben nicht zulässt, etwa weil es unmoralisch wäre. Der Traum hilft, diese Spannungen abzubauen. Dadurch bleibt das psychische Gleichgewicht erhalten.

Im Traum finden wir vielleicht Geld oder wertvolle Gegenstände. Oder wir haben eine reich gedeckte Tafel voll der besten Speisen vor uns und brauchen nur zuzugreifen. Oder wir werden reich beschenkt. Dabei haben diese Gegenstände eine symbolische Bedeutung. Nahrungsmittel stehen bei den meisten Menschen für Kontakt, Zuwendung und liebevolle Beachtung. Wir können einen solchen Traum haben in einer Zeit, in der wir uns einsam fühlen, aber trotz eigener Versuche keinen oder nur ungenügend Kontakt zu anderen finden.

Eine alleinstehende Frau, Mitte fünfzig, träumt:

Ich liege im Bett. Ein Mann, den ich seit einiger Zeit kenne, springt durch das offen stehende Fenster direkt auf mein Bett. Wir herzen und küssen uns. Ich bin ganz glücklich dabei.

Die Träumerin kennt diesen Mann tatsächlich seit Kurzem und findet ihn sympathisch, ist aber, nach ihren eigenen Worten, nicht in ihn verliebt. Sie will auch keine Liebesbeziehung anfangen, weil sie mit Männern fast nur schlechte Erfahrungen gemacht hat und keine Enttäuschung mehr erleben will. Am Vorabend des Traumes hatte sie den Gedanken: Jetzt habe ich mich verliebt. Der Traum signalisiert ihr, dass ihr Herz ja sagt zu diesem Mann, wenn auch ihr Verstand noch sehr abwartend und vorsichtig ist. Sie fühlt sich gut nach dem Traum und beschließt, die Beziehung zu dem Bekannten aufrechtzuerhalten. Ich ermuntere sie zu dem Entschluss und empfehle ihr, dabei immer sorgsam ihre Gefühle zu beachten und sich dem Freund gegenüber auszusprechen.

Wenn der Träumer wenig Befriedigung in seiner Arbeit findet, und auch sein privates Leben arm an positiver Erregung ist, dann kann ein Traum Abwechslung in sein eintöniges Leben bringen. Er sieht sich in höchst spannende und ungewöhnliche Abenteuer verwickelt. Er lebt sozusagen in seinen Träumen aus, was ihm im Wachleben versagt ist. Bei einem solchen Traum kann man besonders gut erkennen, wie sich Wach- und Traumleben ergänzen. Man darf dann allerdings nicht den Traum abwerten, indem man sagt: Ach was, das ist doch *nur* ein Traum.

Kennzeichnend für den kompensatorischen Traum ist das gute Gefühl, das auch beim Aufwachen spürbar ist und oft den ganzen Tag über anhält. Dies weist auf innere Ressourcen hin. Das allein ist schon befriedigend. Darüber hinaus kann der Traum Hinweise auf Lösungen geben, die zur Realisierung der bewussten oder verdrängten Bedürfnisse möglich sind. Bedürfnisse werden verdrängt, wenn ihre Befriedigung gegen unsere ethischen Werte verstößt und deswegen Schuldgefühle wecken würde.

Hartmut, ein fünfundfünfzigjähriger Arzt, ist zu einem therapeutischen Kongress gekommen. In der Nacht vor dem ersten Seminar träumt er:

Ich bin im obersten Stockwerk eines Verwaltungsgebäudes. Es ist ein Arbeitstreffen. Ich frage die anderen Teilnehmer: »*Gehen wir heute tanzen?*« *Sie antworten:* »*Heute ist nichts*«. – *Ich:*

»*Gut, dann gehen wir eben zusammen runter essen.*« *Doch die Kantine unten ist geschlossen. Es gibt kein Essen mehr. Die Kellnerin meint:* »*Sie können sich das Essen nach oben bringen lassen. Sie müssen sich aber selbst den Tisch decken. Nehmen Sie sich die Bestecke mit!*« *Das tun wir dann.*

Hartmut hat sich zusätzlich zu seinem Fortbildungsprogramm noch viel Arbeit für den *Feierabend* mitgebracht. Er will aber am Abend nicht feiern, sondern arbeiten. Er erkennt, dass sein Kopf mal wieder allein geplant hat, und dass das Kind in ihm und der Körper auch ihren Spaß haben möchten. Er möchte nämlich gerne tanzen. Es liegt nahe zu denken, dass mit Tanzen auch ein erotisches und sexuelles Erlebnis gemeint ist. Doch darüber spricht Hartmut nicht. Da Tanzen nicht möglich ist, will Hartmut mit den anderen essen gehen. Sein Bauch hat Hunger. Darin erkennt er, dass er den Kontakt zu den anderen (gemeinsames Essen) sucht.

Von sich allein aus hätte er jedoch nichts unternommen. Er ist eher zurückhaltend und scheu. Das führt dazu, dass er unbewusst Signale in der Weise aussendet, dass auch die anderen nicht auf ihn zugehen. Kontakte fallen ihm nicht einfach zu. Im Traum zeigt sich dies darin, dass es einfach so kein Essen mehr gibt. Er muss selbst aktiv werden. Im Traum muss er mit den anderen den Tisch selbst decken. In der Realität sorgt er auf die Weise für sich, dass er in der Runde den Traum erzählt, sich somit den anderen gegenüber öffnet und einen Kontakt herstellt.

Sexuelle Träume

Hiermit sind Träume gemeint, in denen sexuelle Gefühle und Handlungen einschließlich des Orgasmus vorkommen. Sie dienen wohl dazu, sexuelle Spannungen abzubauen, haben demnach einen kompensatorischen Charakter. Der Traum ist wörtlich zu verstehen, wenn er etwas über unsere sexuellen Gefühle für wirkliche Menschen in unserem Leben aussagt.

Es kommt auch vor, dass jemand im Traum Sex mit einem anderen Menschen erlebt, mit dem Sex für ihn absolut tabu ist, etwa mit einem Familienangehörigen oder einer Person vom gleichen Geschlecht. Freud sagte, dass jeder Mensch mehr oder weniger unbewusst sexuelle Wünsche inzestuöser oder homosexueller Art habe. Solche Gefühle und Phantasien sind natürlich. Wenn wir sie uns bewusst machen, unterliegen sie unserer Kontrolle und werden nicht zur Belastung. Haben wir also solche Träume und sehen die Inhalte unter diesem Aspekt, brauchen sie uns nicht zu erschrecken. Sie können dabei helfen, latente homosexuelle Anlagen bewusst zu machen und stellen somit eine echte Lebenshilfe dar.

Genießen wir im Traum den Sex in Varianten, die wir

im wachen Leben ablehnen oder anstößig finden, so zwingen wir uns möglicherweise einen Lebensstil auf, der irgendwie unvereinbar mit unseren natürlichen Gefühlen und Bedürfnissen ist. Sex hat nämlich auch einen metaphorischen Charakter und steht für angenehme *Erregung*, für *aufgedreht* und *aufgeputscht* sein. Es fehlt uns an Schwung und echter Lebensfreude.

Auch wenn wir Sex mit Menschen erleben, die nicht zu unserem jetzigen Leben gehören, ist der Traum metaphorisch zu verstehen. Eine etwa fünfzigjährige Frau, eine Ausländerin, die seit Längerem ziemlich isoliert in Deutschland lebt, erzählte mir, dass sie in einem Traum *zärtlich und sexuell mit einem bekannten Filmschauspieler zusammen ist*. Hier drückt der Traum ihr Bedürfnis nach mehr menschlicher Nähe und Zuwendung ganz deutlich aus. Teils durch Blockaden aus der Kindheit, wie ich von ihr erfuhr, teils aber auch wegen ihrer Sprachschwierigkeiten hält sie sich ganz zurück und geht nicht auf andere Menschen zu.

Für diese Frau ist der Traum eine Kompensation. Er ist aber auch ein Appell, mehr aus der ungewollten Isolation herauszutreten. Typisch für diese einsame Frau ist, dass sie sich hilflos fühlt und keine Möglichkeit sieht, etwas für sich zu tun. Meine Anregung zum Besuch eines Deutschkurses für Ausländer griff sie immerhin auf, weil sie dabei gleichzeitig ihr Deutsch aufbessern und neue Menschen kennenlernen kann.

Ganz wichtig bei einem Sextraum ist, auf das begleitende Gefühl zu achten. Das hilft Ihnen, einen Bezug zu dem Tageserlebnis herzustellen, das den Traum ausgelöst haben mag. Fühlen wir uns eher bedrängt oder gar überwältigt, dann gilt es nachzuprüfen, wann und von wem wir uns *vergewaltigt* fühlen. Sex bedeutet dann so viel wie *frustriert* oder *ernüchtert* sein oder *sich belästigt* fühlen.

Eine Frau berichtete, dass sie gelegentlich im Traum von einem ihr unsympathischen Mann belästigt werde, der sie auch zu Sex zwinge, was sie dann trotz ihrer Abneigung gegen den Mann genieße. In der Traumarbeit stellte sich heraus, dass der Mann ihr eigener war. Sie prüfte nach und stellte fest, dass immer dann, wenn sie einen solchen oder ähnlichen Traum hatte, sie irgendwie über ihren Mann verärgert war. Sie hatte das aber ihm gegenüber nicht ausgedrückt, weil sie ihren Ärger herunterzuspielen pflegte. Dahinter verbarg sich die Angst eines kleinen Mädchens, den anderen zu verlieren, wenn sie ihren Ärger ausdrückte. Ihrem Mann gegenüber fühlte sie sich auch öfters unterlegen, sodass er ihr, wie sie es erlebte, Gewalt antat. Sie musste sich ihres Anteils dabei bewusst werden und lernen, ihre Gefühle ernster zu nehmen und sie angemessener auszudrücken. Sie erkannte, dass sie durchaus kein Opfer war, wenn sie sich ihrer eigenen Kraft bewusst wurde. Sie konnte glücklich sein, dass sie ihren Mann noch liebte und sich nicht innerlich von ihm bereits getrennt hatte, was meistens eine körperliche Ablehnung nach sich zieht.

Ich höre öfters von Frauen, dass sie nicht mehr mit ihrem Partner schlafen können, obwohl sie möchten. Ihr Körper verschließt sich. Sie können das Beisammensein nicht mehr genießen. Der tiefere Zusammenhang zwischen körperlicher und seelischer Verweigerung muss ihnen erst bewusst werden, damit sie lernen können, angemessene Möglichkeiten zu finden, sich selbst abzugrenzen und zu schützen.

Große Träume

Einen großen Traum erleben wir meist in Grenz-
situationen unseres Lebens, in Zeiten, in denen unser
Leben sich grundlegend zu verändern beginnt, oder
wenn wir tiefgehende Unterstützung brauchen. Ich
nenne ihn so wegen der großen Bedeutung für unser
Leben. Ein richtiger Lebenstraum. Er greift meistens
alle unsere wichtigen Lebensthemen auf, damit wir
sie einer Prüfung unterziehen. Er spiegelt nicht aus-
schließlich persönliche Erfahrungen wider, sondern
auch menschliche Grunderfahrungen. Dies ist der besondere Aspekt eines großen Traumes, dass er uns einen klaren Überblick über das eigene Leben gibt und
zeigt, wo Transformationen nötig und möglich sind.

So genannte große Träume zeichnen sich durch ihre
klaren eindrucksvollen Bilder und durch die eindring-
lichen Gefühle aus. Oft nach Jahren noch erinnern wir
uns daran in allen Einzelheiten und wissen, dass der
Traum von großer Bedeutung für uns ist, auch wenn
unser Verstand ihn nicht verstehen kann. Wir spüren
die zugrunde liegende Energie und sind tief beeindruckt. Es drängt uns auch, den Traum jemandem zu
erzählen. Wir werden uns einer größeren Perspektive
bewusst. Die Ereignisse werden nicht unbedingt nach
der Zeit geordnet, sondern nach der Bedeutung der
Gefühle.

Oft geben sie uns den Weg vor, zeigen, wie es weitergeht. Dabei ist unser träumendes Bewusstsein sich
absolut gewiss, dass alles genau so richtig und will-
kommen ist. Es fühlt sich großartig, nicht im Sinne einer Hybris, sondern vollkommen in sich ruhend, vollkommen in Balance. Ich möchte einfach sagen, es ist
sich seiner göttlichen Natur gewiss. Beim Aufwachen

ist das Tages-Ich-Bewusstsein ergriffen über die eigene Bedeutung und voller Ehrfurcht vor den tieferen Ebenen des Seins.

Hier hat das Bewusstsein die Grenze in eine andere Realität übertreten. Es macht größere Erfahrungen als in dem bekannten Rahmen, in dem unsere Zeit und unsere Existenz ablaufen. Es kann anderen Aspekten der Persönlichkeit begegnen, die gleichzeitig existieren. Es erlebt sich in anderen Ebenen der Existenz. Es entdeckt multidimensionale Tiefen der Psyche.

Die Wirkungen eines solchen Traumes, der eher selten erlebt wird, überschreiten durch Inhalt und Kraft die herkömmlichen Bereiche der Psychotherapie. Der Traum hat eine spirituelle Dimension. Er ist ein Phänomen, das Menschen auf dem spirituellen Weg vertraut ist. Er kann auch helfen, das Tor zu diesem Weg zu öffnen. Aus wissenschaftlicher Sicht nähern sich bereits die Quanten- und die Astrophysik diesem Bereich. Hologramm und die Merkmale einer virtuellen Realität sind anschauliche Hilfsmittel zum Verständnis.

Barbara, eine vierundvierzigjährige, allein lebende Frau sagt, sie befinde sich in einer starken Krise. Immer wieder stelle sie sich die Frage nach dem Sinn ihres Lebens. Barbara ist ein Einzelkind gewesen. Als sie Baby und Kleinkind war, ist ihre Mutter häufig krank gewesen und lag oft längere Zeit im Krankenhaus. Barbara kam dann zu Verwandten, hauptsächlich zu den beiden Großvätern und zu anderen Verwandten. Sie fühlte sich *herumgeschubst. Niemandem machte sie es recht.* Nun ihr Traum:

Ich bin in einer trostlosen Stadt, schmutzig, verwahrlost. Andere, anonyme Menschen sind auch da. Ich finde ein Wesen, ein katzenähnliches Tier, mit weichem, ganz hellem Fell. Ich weiß, das ist meines. Ich kann es lieben. Ich suche und finde Nahrung für es, eine Decke zum Wärmen und einen wunderschönen Brunnen.

Habe aber Angst, dass die anderen es mir wegnehmen könnten, weil sie auf mich neidisch sind. Versuche, von dort wegzukommen. Plötzlich steht ein ganz dunkel gekleideter Mann vor mir, ohne Gesicht, breitet die Hände aus und sagt: Ich kann und will dir helfen. Steige dort in diese Limousine. Ich will dich von hier fortfahren. Ich misstraue ihm zwar etwas, weiß aber auch keine andere Lösung und lege das Tier zuerst hinein, steige dann selbst ein und … mein Tier ist fort. Ich suche es verzweifelt und nehme dazu den Wagen fast auseinander. Umsonst. Eine Wahnsinnswut gegen diesen Mann erfasst mich. Ebenso Panik. Ich denke:

Schon wieder bin ich reingelegt worden.

Die verwahrloste und trostlose Stadt mit anonymen Menschen spiegelt das aktuelle Lebensgefühl Barbaras wider. Sie fühlt sich einsam und isoliert.

Davon ausgehend, dass alle Traumbilder innere Anteile der Träumerin darstellen, lasse ich sie die einzelnen Elemente spielen.

Mann: *Ich bin ohne Gesicht, groß, schlank, dunkel gekleidet wie ein Beerdigungsangestellter, ohne Alter. Sie, die Barbara, braucht mich, weil sie Angst hat. Ich bin einer, der ihr helfen will. Ich will nicht sagen, warum ich helfen will.*

Barbara: *Er sieht so unmenschlich aus mit seinem blanken Gesicht. Irgendwie traue ich ihm nicht. Andererseits habe ich so eine winzige Hoffnung, dass er mir doch helfen wird. Das Auto sieht auch so groß und warm und stabil aus. Es kann mich hier wegbringen. Und ich denke nur: ›Raus hier‹.*

Wagen: *Ich bin ein großer Wagen, ca. 4 m lang. Ich bin eine Präsidentenkarre mit Panzerglas. Fahre nur besondere Leute, die von meinem Besitzer dazu eingeladen werden. Er* *putz und pflegt mich, habe keine Risse, keine Schrammen, ich bin perfekt.*

zu Barbara: *Keiner kann umsonst mit mir fahren. Jeder muss einen Preis zahlen. Du musst mit deinem Tier bezahlen (Barbara wird sehr nachdenklich, nach innen gekehrt).*

Barbara als **Tier**: (tiefer Blickkontakt mit Therapeutin, die Barbaras Ergriffenheit spürt)

Ich bin identisch mit Barbara (Tränen steigen ihr in die Augen).

Therapeutin: *Sag es Barbara direkt, sag es ihr!*

als **Tier** zu Barbara: *Ich bin du, bin bei dir, und werde jetzt immer wachsam sein und dir sagen, dass du mich nicht mehr aus den Augen verlierst.*

Sie ist lange ergriffen, ganz bei sich selbst. Die Ergriffenheit erfasst auch die anderen Teilnehmer. Schweigen. Nach einer Pause sprechen wir darüber.

Der dunkle, gesichtslose Mann erinnert Barbara an ihre beiden Großväter, auch an katholische Geistliche, die ja freundlich Hilfe anbieten, oft aber die Menschen in eine Pseudosicherheit religiöser Qualität bringen. Diese *helfenden* Gestalten ihrer Kindheit hat Barbara verinnerlicht. Der dunkle Mann verkörpert ihren **männlichen** Anteil, den C.G. Jung Animus nennt. Damit sind Eigenschaften wie Ratio, Wille, Durchsetzungsvermögen, Disziplin und Zielstrebigkeit bei einer Frau gemeint. Dieses innere Männerbild ist geprägt durch das Bild des leiblichen Vaters oder anderer wichtiger männlicher Bezugspersonen im Leben eines kleinen Mädchens.

Da Barbara als Kind wenig emotionale Wärme erfahren hat, musste sie notgedrungen sehr schnell erwachsen werden, zu schnell. Ihr Verstand hat ihr dabei geholfen. Sie ist eine sehr intelligente Frau, die im Beruf sehr kompetent ist. In schwierigen Situationen ihres Lebens hat sie sich mit ihrem Verstand immer weiterhelfen können. Dabei verdrängte sie jedoch ihre Bedürfnisse nach Geborgenheit, nach Liebe und menschlichem Kontakt. Mit ihrem Verstand hat sie sich dabei gewissermaßen selbst *hereingelegt* (ihr Ausdruck im Traum, siehe oben), das heißt, diesen ihren weichen Anteil geleugnet.

Barbara erkennt den Wagen als Pseudorettung. Das Auto steht für ihre Persona. C.G. Jung, der diesen Begriff prägte, meint damit die soziale Rolle, die das Individuum den Erwartungen der Gesellschaft und der frühen Erziehung gemäß annimmt. Es steht für ihr Verhalten und ihre Lebensweise der Außenwelt gegenüber. Anderen Menschen gegenüber tritt Barbara selbstbewusst, charmant und gewandt auf. Der Wagen im Traum ist zu groß für ihre Verhältnisse, eine Staatskarosse. Barbara erkennt, dass ihr nach außen hin kraftvolles und dynamisches Verhalten im Gegensatz zu ihrem mangelnden Eigenwertgefühl steht. Sie wirkt stark, ist aber in Wirklichkeit verletzlich und braucht Schutz. Auf Traumebene wird die Karosse durch Panzerglas geschützt, weil der Insasse angreifbar ist. Während der dunkle Mann Barbara täuscht, ist das Auto immerhin so fair, ihr zu sagen, dass eine Fahrt mit ihm einen Preis hat, nämlich das Tier.

Der Dunkle selbst weiß keine Antwort auf die Frage, warum er helfen will. Er gibt das aber nicht zu, sondern antwortet arrogant: *Sag ich Ihnen nicht!* Zeigt also eine Pseudostärke und überdeckt durch Helfen sein eigenes Gefühl der Bedeutungslosigkeit. Der typische *Helfer*, ein Mensch, der im *Aufgehen für andere* den Sinn seines Lebens sieht. Auch darin erkennt sich Barbara wieder.

Ich habe diesen Traum als Beispiel für einen großen Traum genommen, weil dieser eine Traum Barbara das Grundthema ihres Lebens zeigt: sich selbst zu erkennen in allen Aspekten, sich anzunehmen mit allen Aspekten und sich zu lieben. Ich meine, dass dies auch das Grundthema eines jeden Menschen ist.

Der Traum zeigt Barbara das Thema ihres Lebens. Sie erkennt darin, wie sie bisher gelebt hat, dass sie mehr oder weniger nur einen Anteil ihres Lebens ausgedrückt hat, ihren Animus-Anteil. Ihre weichen *weiblichen* und gleichzeitig auch *kindlichen* Seiten, ihre ureigenen Bedürfnisse hat sie wieder verloren. Sie braucht sie jedoch, um sich ganz im Einklang mit sich zu fühlen. In ihrer jetzigen Krise tritt dieser Traum auf und zeigt ihr eindringlich, dass es nun an der Zeit ist, sich um ihr weiches und helles Tier zu sorgen, sich also den unbewussten (weichen und reinen) Bereichen ihres Wesens zuzuwenden. Das Tier steht in einem erweiterten Sinne für das *innere* Kind, das menschliche Kind und gleichzeitig das göttliche Kind in ihr.

Vorausschauende Träume

Die Grenze zwischen vorausschauenden Träumen und solchen, die einer kreativen Schicht des Träumers entstammen, ist nur schwer zu ziehen. Immer wieder erzählen mir Menschen von Träumen über Ereignisse, die später tatsächlich eintreffen. Meistens handelt es sich dabei um bedrückende Trauminhalte wie Krankheit, Unglücksfall oder sogar Tod in der Umgebung des Träumers oder der Träumerin. Diese Menschen empfinden ihre Fähigkeit, präkognitiv zu träumen, als Belastung, was verständlich ist. Ich kann nur vermuten, wie diese Träume zu erklären sind. Zunächst nehmen wir alle tagsüber unterschwellig viele Reize auf, die unser Unbewusstes jedoch registriert und verarbeitet. Sodann gibt es Menschen, die sensibler auf ihre Umgebung reagieren, sozusagen mit viel feineren Antennen die geringsten Botschaften einer atmosphärischen Veränderung aufnehmen, besonders wenn sie mit nahestehenden Menschen zusammenhängen. Hinzu mag die Tatsache kommen, dass unser Unbewusstes die Grundtendenzen eines geliebten Menschen mehr oder weniger kennt und von daher die längerfristige Entwicklung dieses Menschen bereits ahnt, wenn sonst keine Anzeichen vorhanden sind.

So ging es Josefa. *Sie träumte, dass ihr Schwager sich selbst tötet und dass auch ihre Schwester dies vorhat. Josefa rettet sie, indem sie ihr noch rechtzeitig einen Arzt schickt.* Zwei Tage später bei einem Telefonat mit ihrer Schwester hörte sie, dass die Verwandten sich tatsächlich mit Suizidgedanken tragen. Eine psychotherapeutische Hilfe, auf die Josefa hinwies, lehnten beide leider ab.

Was ist nun von solchen vorausschauenden Träumen zu halten? Die Fähigkeit des Vorausschauens gibt es gar nicht mal selten. Die Inhalte dieser Träume sind dabei in der Mehrzahl eher negativer Art. Dies erkläre ich mir folgendermaßen: Durch unser christliches Erbe geprägt, richtet sich unsere Aufmerksamkeit meistens auf traurige und schmerzhafte Lebensereignisse. Denken wir doch nur an den Satz: *Die Erde ist ein Jammertal, erst im Jenseits wirst du Frieden finden und glücklich sein,* oder etwa: *Nimm dein Kreuz auf dich und folge mir nach.*

Diese Einstellung zum Leben wurde vielen Generationen vorgegeben. Unser Augenmerk ist also sehr auf Leid und Schmerz gerichtet, was vorausschauende Träume dieser Art widerspiegeln. Der Fokus kann natürlich ebenso auf positive und erfreuliche Ereignisse gerichtet werden, etwa eine Heilung, eine Versöhnung nach langer Trennung, auf eine Heirat vielleicht oder auf eine Reise, die bisher noch nie möglich war. Hier möchte ich auch darauf hinweisen, dass nur ein ganz geringer Teil aller Träume, in denen der Tod vorkommt, sich tatsächlich auf den physischen Tod beziehen. In den allermeisten Träumen hat der Tod einen metaphorischen Sinn und bedeutet das Sterben von bisherigen ideellen Werten, die etwas Neuem im Leben Platz schaffen müssen. Tod also im Sinne von Transformation.

Träumt ein Mensch etwas, das er selbst später erlebt, fällt die Erklärung leichter. Durch die Ahnung und durch die vom Unbewussten ausgehenden Impulse wird er so in seinem Verhalten beeinflusst, dass er spontan und auch willentlich alles tut, damit die Voraussage realisiert wird. Es handelt sich hierbei um eine sich selbst erfüllende Prophezeiung. Dazu sagt Erich Fromm: *Es wird immer wieder beobachtet, dass ein Traum, den jemand wiederholt träumt, wichtige Lebensfragen des Betreffenden zum Ausdruck bringt. Wenn dann jemand dazu neigt, sich immer wieder einem solchen Leitmotiv entsprechend zu verhalten, kann man sagen, dass derartige sich wiederholende Träume oft zukünftige Ereignisse im Leben des Betreffenden voraussagen.* (aus Märchen, Mythen, Träume)

Rational nicht erklärbar sind freilich jene Vorahnungen, für die mit Sicherheit keine Signale aufgenommen werden konnten, in die der Träumer selbst nicht verwickelt ist, und auf die er auch selbst keinen Einfluss ausüben konnte. Sie haben eine spirituelle Dimension.

Träume dieser Art, wenn wir uns dessen bewusst sind, sprengen den Rahmen der herkömmlichen Träume. Sie begegnen mir auch nicht in meinen Seminaren oder in Einzelsitzungen. Deshalb werde ich mich in einem weiterführenden Buch damit beschäftigen.

DER TRAUM ALS RATGEBER

Dieckmann vergleicht das Unbewusste mit einem Partner. Einen Partner können wir um Rat fragen. Unsere Traumkraft gibt uns Informationen, wenn wir sie darum bitten. Es liegt deshalb nahe, um weitere Hinweise zu bitten, wenn ein Traum nicht verstanden wird. Bitten Sie am Abend Ihr Unbewusstes darum. Tun Sie es ganz unbefangen und spielerisch. Bekräftigen Sie Ihren Wunsch dadurch, dass Sie Schreibmaterial oder einen Recorder bereitlegen. Sie können auch autosuggestiv vorgehen und sich sagen: Ich werde einen Traum haben, der mir hilft, das Unverständliche des gestrigen zu begreifen. Wenn Sie möglicherweise auch nicht gleich in der folgenden Nacht deutlichere Träume haben werden, Ihr Unbewusstes reagiert ganz sicher auf Ihr Bedürfnis. Sie finden Resonanz, genau in der gleichen Weise, wie Sie sich öfters und präziser an Träume erinnern, wenn Sie einmal damit anfangen, sie festzuhalten. Ich habe es unzählige Male bei mir und bei anderen erlebt.

Wenn Sie einen Traum gedeutet haben, sich darin aber nicht ganz sicher sind, dann bitten Sie Ihre Traumkraft um einen Bestätigungstraum. Und dies besonders, wenn es sich um die Lösung eines emotionalen Problems handelt. Die Träume vertreten unsere Gefühle und unsere Bedürfnisse. Es geht dabei eher um die Qualität und den Stil unseres Lebens und nicht um materielle Ziele oder berufliche Erfolge. Gerade die Erlebnisse, die uns gefühlsmäßig tief berühren, prägen uns und bleiben in der Erinnerung die wichtigsten in unserem Leben.

Der Traum als Ratgeber bei persönlichen Beziehungen

Besonders ergiebig sind Hilfen unserer Traumkraft bei Angelegenheiten des Herzens. Wenn Sie im Moment nicht im Klaren sind, was Sie einem nahestehenden Menschen gegenüber empfinden oder wie Sie sich verhalten oder gegebenenfalls entscheiden sollen, bitten Sie um die *Stimme des Herzens*. Auch wenn Sie einen Menschen erst seit Kurzem kennen und widersprüchliche Signale empfangen und verwirrt sind, fragen Sie Ihre Traumkraft. Der Verstand zieht oft ganz andere Schlüsse als das Herz.

Eine sehr intensive und sehr wichtige Liebesbeziehung für ihr Leben führte Hella mit Klaus, der damals verheiratet war. Klaus schwankte zwischen ihr und seiner Frau. Sie bat ihn, seine Frau zu informieren, was er nicht tat, weil er sie *schonen* wollte. Hella erlebte alle Höhen und Tiefen einer großen Liebe. Sie hatte auch Schuldgefühle der anderen Frau gegenüber. Immer wieder überlegte sie, die Beziehung zu beenden. Dann wieder war ihr Bedürfnis, mit ihm zusammen zu sein, stärker.

So bat sie endlich ihre Traumkraft um Entscheidungshilfe. Im Traum schrieb sie seiner Frau einen Brief, in dem sie der anderen offen alles darlegte. Beim Aufwachen war Hella noch entschlossen, dem Rat zu folgen. Doch je mehr der Tag verging, desto undurchführbarer erschien ihr das. Ihr Gewissen erlaubte ihr nicht, eine andere Ehe zu *zerstören*. Theoretisch wusste

Hella zwar, dass sie eine andere intakte Beziehung gar nicht zerstören konnte, aber das anerzogene Gewissen war stärker. Sie folgte dem Rat der Traumkraft nicht. Später erst wurde ihr bewusst, dass sie dabei ihre Gefühle und damit sich selbst nicht ernst nahm. Einige Jahre später, sie hatte inzwischen den Kontakt zu Klaus aufgegeben, ging die Ehe dann wirklich auseinander. Hella bedauerte sehr, den Hinweis aus ihrem Traum nicht befolgt zu haben.

Der Traum als
beruflicher Berater

Ganz deutliche Zeichen in beruflicher Hinsicht sind in einem Warntraum enthalten, den mir eine Freundin erzählte, den sie einige Monate vor Beginn eines zweimonatigen Praktikums in einer großen therapeutischen Praxis träumte. Sie hatte mit dem für Personalangelegenheiten verantwortlichen Therapeuten, K. Biedermann, mündlich vereinbart, dass sie am 1. Mai ihre Arbeit antreten sollte. Den Therapeuten hatte sie bei einem Workshop kennengelernt, den er leitete. In der sehr herzlichen Atmosphäre des Workshops vertraute sie ganz der Ehrlichkeit von B. An eine schriftliche Vereinbarung dachte sie nicht. Auch bei einem zweiten Treffen, an dem wiederum über die bevorstehende Arbeit gesprochen wurde, wurde kein schriftlicher Vertrag abgeschlossen. Sechs Wochen vor dem Termin träumte sie:

Ich bin zu K. Biedermann bestellt, um 9 Uhr. Ich komme hin. Es sind sehr viele Menschen da. Er ist jedoch noch nicht da. Ich muss auf ihn warten. Ich gehe ihn dann suchen, aber vergeblich. Schließlich kommt er mit viel Verspätung an. Er ist ganz zerlumpt, in Asche, mit schlechten Zähnen, eine armselige Gestalt. Bei ihm sind zwei Gestalten. Auch sie sehen wie Bettler aus.

Die Beschäftigung mit dem Traum ergab: *Meine Seele sieht K. wie einen Bettler.* Als Wortspiel erkenne ich: *Biedermann – Bettelmann. Ein Biedermann nach außen, ein Bettelmann von innen. Er ist unpünktlich, das heißt: Er ist unzuverlässig. Er tritt dreifach auf, als Therapeut, als Seminarleiter und als Mensch, und in allen drei Rollen als Bettler.* Als Seminarleiter hielt sie ihn nach eigener Erfahrung für kompetent. Als Therapeut kannte sie ihn nicht, ebenso wenig wie als Mensch.

Das stand ihr noch bevor. Ihre Seele allerdings stellte ihn ganz abschreckend dar. Sie erkannte den Traum als Warntraum, konnte sich aber keinen Reim darauf machen. Jedenfalls konnte sie bewusst nichts Negatives an B. ausmachen. Acht Tage nach Beginn der Beschäftigung in der Praxis sagte man ihr, dass es personelle Fehlplanungen gegeben habe. Sie müsse gehen. Sie pochte auf die Zusage von B. für ein Praktikum von acht Wochen. Das habe nichts zu bedeuten. B. selbst, von ihr angesprochen, versuchte sich herauszuwinden. Ja, er habe zugesagt, doch jetzt sähe die Lage anders aus. Er stand nicht zu seinem Wort. Meine Freundin war wütend und verlangte von ihm, dafür zu sorgen, dass sie bleiben könne. Nun zeigte sich, dass der Biedermann als Mensch versagte. Er tat nichts. Er ließ sie im Stich. Sie musste an ihren Traum denken. Wäre sie dem Hinweis gefolgt und hätte z. B. eine schriftliche Vereinbarung gefordert, hätte sich vermutlich dann schon gezeigt, auf welch schwachen Füßen ihr Vorhaben ruhte.

Wenn Sie sich in einer Phase Ihres Lebens befinden, sich die Frage stellen, ob eine Veränderung notwendig ist und wie eventuell eine solche Veränderung aussehen könnte, dann bitten Sie um einen aufklärenden

Traum. Die Veränderung könnte eine neue Arbeitsstelle oder gar eine ganz neue Tätigkeit bedeuten. Vielleicht fühlen Sie sich in der bisherigen Umgebung einfach nicht ganz wohl. Sie entspricht nicht Ihrem Wesen und Ihren Fähigkeiten. Ihr Unbewusstes wird Ihnen helfen, das Richtige zu finden. Das, was zu Ihnen passt.

Sie könnten Einfälle haben, die Sie in Ihre bisherige Tätigkeit einbauen, sodass sie abwechslungsreicher und lebendiger wird. Oder es wird Ihnen ganz deutlich klar, dass Sie eigentlich immer schon etwas ganz anderes machen wollten. Das könnte zunächst einmal den schon bestehenden Konflikt vertiefen, indem Sie noch unentschlossener werden, setzt aber auch schöpferische Kräfte frei, damit Sie den Konflikt konstruktiv lösen können.

Erwarten Sie allerdings nun nicht von Ihrem Unbewussten, dass es Ihnen prophezeit, wie ein konkretes finanzielles Unternehmen für Sie ausgeht. Es befasst sich nicht mit festen materiellen Zielen oder einer neuen Stellung. Vielmehr erhalten Sie Hinweise darüber, welches Ihre tieferen Bedürfnisse sind und welche Qualität Ihr Leben haben sollte, woran es mangelt und was es zu verändern gilt.

Leben Sie in einer für Sie sehr einschränkenden Weise, dann haben Sie vermutlich ohnehin entsprechende Konfliktträume. Versuchen Sie dann in einer Auseinandersetzung mit dem Traum, gegebenenfalls mit fachmännischer Hilfe, den Konflikt zu erkennen und eine Lösungsmöglichkeit zu finden. Die durch den Konflikt gebundene psychische Energie wird damit freigesetzt. Sie fühlen sich lebendiger und können konstruktiv handeln.

Traum und Kreativität

Als mir in der ersten Zeit meiner künstlerischen Arbeit einmal nichts mehr einfiel, wollte ich schon resigniert aufgeben. Ich war irgendwie ausgebrannt. Ich bat dann schließlich um neue Anregungen durch einen Traum. In der darauffolgenden Nacht träumte ich wohl darüber, und obwohl ich mich nicht mehr an den Traumverlauf erinnern konnte, wachte ich mit drei ganz klaren Bildern von eigenartigen Skulpturen vor Augen auf. Auf diese Weise inspiriert, ging ich natürlich erneut an die Arbeit. Ich hatte nun genug damit zu tun, die inneren Bilder technisch umzusetzen. Es passiert immer wieder, dass ich Durststrecken habe, in denen es mir an Einfällen mangelt. Aber ich vertraue immer mehr auf meine inneren Ressourcen und erlebe auch bei meinen anderen Tätigkeiten, dass sie mich nicht im Stich lassen.

Ob wir nun die Inspiration allein aus unserem Unbewussten beziehen oder ob unsere Gedanken, die sich tagsüber unentwegt um ein künstlerisches Problem drehen, letztendlich im Traum eine konkrete Form erhalten, ist meiner Meinung nach belanglos. Wir sind eine Einheit von Geist, Gefühlen und Körper. Einige Anteile sind uns bewusst, andere nicht. Je mehr wir aus dem Dunkel der unbewussten Schichten ans Tageslicht heben können, desto freier und bunter können wir unser Leben gestalten. Der Traum ist dazu der *Königsweg*, wie Freud ihn bezeichnete. Er kann helfen, Konflikte zu lösen, neue Akzente im Leben zu setzen und kreativer zu werden.

In seiner Schrift *Hypnosis, Dreams and Dream Interpretation* meint dazu Dr. Douglas Gregg: *Zusätzlich dazu, dass Träume suggeriert oder erbeten werden, kann ihnen auch eine Richtung gegeben werden. Dieser Prozess ist außerordentlich nützlich, um Probleme auf ihre jeweiligen Ursachen hin zu erforschen. Wenn von Träumen richtig Gebrauch gemacht wird, ist es möglich, ein Programm zu entwerfen, um die Gesundheit des Patienten dadurch wieder herzustellen, dass die Ursachen gewisser physischer und emotionaler Probleme beseitigt wird, statt einfach zu versuchen, die Symptome zu lindern.*

Ist das Traumgeschehen in sich selbst nicht schon ein großartiges Kunstwerk? Erfahrungen werden von einer Ebene des Bewusstseins auf eine andere übertragen, vom Wachbewusstsein ins Unbewusste und umgekehrt. Es entsteht eine Realität, in der das Traum-Ich frei ausdrückt, was es direkt will, ohne dass es durch die Grenzen von Raum und Zeit gehindert wird. Es begegnet anderen Aspekten der eigenen Persönlichkeit. Es trifft auf Personen aus seiner Vergangenheit, die längst verstorben sind, und erlebt Ereignisse, die im wachen Leben noch in der Zukunft liegen. Es erlebt das alles sehr intensiv und fühlt sich sehr lebendig dabei. Die Frage kommt auf, was ist realer, das Wachleben oder das Traumleben?

DIE BILDERSPRACHE
UNSERER TRÄUME

Viele Menschen würden sicherlich mehr auf ihre Träume achten, wenn sie sie auf Anhieb verstehen könnten. Zwar gibt es auch weniger rätselhafte Botschaften, doch sie sind eher die Ausnahme. Dagegen sind jene Träume, welche wichtige Einblicke in die eigene Persönlichkeit, in verdrängte Bedürfnisse, Gefühle und Erfahrungen bieten, meistens besonders verzerrt. Das könnte damit zusammenhängen, dass das Bewusstwerden des Konfliktes mit Ängsten verbunden ist. So wie ursprünglich das unangenehme Erlebnis aus Schutz und zum Zwecke des Weiterlebens verdrängt wurde, so verdrängt eine Instanz in uns das Erinnern der schmerzhaften Erfahrung. Als von innen gesteuerte Schutzmaßnahme ist auch die Tatsache zu sehen, dass manche Menschen kurz vor Ausbrechen von Panik aus einem Alptraum erwachen, zum Beispiel gerade bevor sie in einen Abgrund stürzen. Diese Instanz erschwert demnach das Verständnis der Traumsprache.

Eine andere Erklärung ist viel plausibler und konstruktiver für die vielen Bilder, die der Verstand sich zunächst nicht erklären kann, weil sie so unlogisch scheinen. Jeder Mensch verfügt über Phantasie und Kreativität, welche sich in den Träumen ausdrücken. Wovor nämlich sollte uns eine innere Instanz schützen, wenn wir einen rätselhaften Traum haben, in dem wir uns wundervoll fühlen? Oder wenn wir phantastische Dinge tun und Abenteuer erleben, was uns einfach begeistert?

Ein Kind folgt seiner Phantasie, seiner Neugierde am Entdecken und seiner Freude am Ausdruck noch unbefangen und ohne Kontrolle. Die meisten Kinder sprudeln über vor Lebensfreude und Neugierde.

Nehmen wir ein Beispiel: Es ist Sonntagnachmittag. Ein Kind, vielleicht sieben oder acht Jahre alt, schreibt in seiner Art eine Geschichte auf und malt dazu ein Bild. Dann läuft es voller Begeisterung über sein Werk zu Mama und Papa, die gerade einen Streit haben. Das Kind will es den beiden zeigen, doch es hört: *Was soll das jetzt? Komm später damit. Wir haben jetzt keine Zeit dafür.* Sie sagen nicht, dass sie im Moment andere Sorgen haben. Vielleicht sind sie sogar voller Ärger, nicht Ärger über ihr Kind. Aber sie wissen nicht, wie sie mit dem Ärger umgehen sollen. Ihr Kind bekommt ihn ab. Vielleicht wird es noch schlimmer: *Was ist denn das für ein Blödsinn? Mach doch Hausaufgaben. Das ist wichtiger.*

Das Kind wird so zurechtgestutzt, dass es die wunderbare kreative Eigenschaft in sich vergräbt. Das Kind wächst auf, erfüllt seinen Beruf, funktioniert im Leben. Doch ein Teil dieser Lebensfreude ist verloren gegangen. Ein Aspekt des *inneren* Kindes ist eingefroren worden.

In geringem Maße beeinflusst auch der wachsende Verstand die ursprüngliche Gestaltungsfreude. Ein fünfjähriges Kind malt einen Tisch mit vier Beinen, weil es weiß, zu einem Tisch gehören vier Beine. Ein zehn- bis elfjähriges Kind hat schon Konflikte bei der Zeichnung. Es bemerkt den Unterschied zwischen dem Tisch, wie er tatsächlich ist, und der Form, die für unsere Augen sichtbar ist. Es versucht nun, den Tisch so zu zeichnen, wie es ihn sieht, d. h. perspektivisch.

Dabei hat es Mühe. Viele Kinder, die sehr selbstkritisch sind, verzichten dann schnell aufs Malen. Der Konflikt rührt daher, dass das Kind mit etwa zehn bis elf Jahren eine neue Stufe des Denkens erreicht. Das abstrakte und linear-logische Denken entwickelt sich. Diese Art des Denkens folgt den Gesetzen der Logik, braucht die Anschauung der Dinge zum *Be-greifen* nicht mehr.

Daneben gibt es das ganzheitliche, bildhafte Denken, das etwa in Tagträumen, in Träumen und bei künstlerischem und spielerischem Tun wirksam wird. Sieht ein Kind zum Beispiel eine Möhre, denkt es nicht nur an Gemüse, sondern etwa auch an die Nase eines Schneemannes ... Winter ... Spaß. Ein gutes Gefühl entsteht. Derselbe assoziative Vorgang läuft in uns ab, wenn wir eine bestimmte Melodie hören und uns dabei wohlfühlen. Langsam tauchen Bilder einer schönen Landschaft auf, von Wärme, Sonne, Strand ... bis wir uns an einen besonders schönen Urlaub deutlich erinnern können, in dem wir diese Melodie morgens am Strand hörten.

Während des Traumes nimmt das Traum-Ich Informationen aus mehreren Speicherplätzen des Gedächtnisses gleichzeitig auf. Offenbar werden synchrone Ereignisse miteinander vermischt und ohne Wörter oder Gedanken erlebt, sondern nach ihrem emotionalen Wert für uns. Fest steht jedenfalls, dass die Aktionen und Gefühle in unseren Träumen weit umfassender sind als in unserem wachen Leben. Viele von ihnen sind denjenigen eines fünf- und sechsjährigen Kindes sehr verwandt.

In unseren Träumen tritt die ganze Vielfalt unserer Kreativität auf faszinierende Weise und ungebrochen immer wieder hervor. Wer kommt schon im Wachleben auf die Idee, einen Tomatenbaum zu malen? Oder darauf, dass weiche bunte Seidenkissen wie Blumen auf einer Wiese wachsen? Oder wer lässt aus einer Vertiefung unter dem Auge grüne Kräuter sprießen? Oder in einer offenen Wunde am Leib Samenkörner keimen? Ist ein geöffneter Cellokörper nicht eine wunderschöne Wiege für einen Säugling? Und eine Kuh, die mit den Beinen ausschlägt, die Augen rollt, die Zähne fletscht und die Zunge verdreht, ist alles andere als stumpfsinnig. Dinosaurier fliegen durch die Luft, und *wir* selbst erst! Wir können erwachsen und gleichzeitig Kind, hier und in unserem Heimatort sein. Wir sind wir selbst und auch verkörpert in anderen Personen. Raum und Zeitgrenzen sind aufgehoben. Naturgesetze werden außer Kraft gesetzt, etwa indem wir uns aus eigener Kraft in die Luft erheben und fliegen. Ebenso kommt es häufig in Träumen vor, dass wir uns nur vor etwas zu fürchten brauchen, damit es sogleich geschieht, dass zum Beispiel eine Sturmflut herandonnert oder ein hohes Gebäude einstürzt.

Die Sprache der Träume hat in der Tat eine eigene Logik, die von der unseres Verstandes oft weit entfernt ist. Im Alltag organisieren wir unser Leben in den Koordinaten von Zeit, Raum und Materie. Im Traum setzen wir andere Prioritäten. Die für den Traum typischen Brüche im Ablauf der Handlung werden sogar neurophysiologisch nachgewiesen. Während die Wissenschaftler verständlicherweise den Grund für die Brüche rein physiologisch begründen, meine ich, dass unsere Psyche ein Thema ganzheitlich darstellt mit seinen vielfältigen, oft auch widersprüchlichen Facetten. Es ist der Verstand, der sie – logischerweise – als Brüche deutet. Gehen wir neugierig und achtsam mit den Träumen um, dann machen die Brüche einen Sinn, sind sogar äußerst kunstvoll und vielschichtig angelegt.

Kleinere Kinder, die noch ein magisches Weltbild besitzen, für die Dinge belebt sind und sogar vermenschlicht scheinen, fühlen sich in einer solchen phantastischen Welt heimisch. Nicht von ungefähr mögen Kinder Märchen.

Etwa das gleiche ganzheitliche Selbst- und Weltbild eines Kindes von etwa fünf Jahren haben heute nur noch ganz wenige und zurückgezogen lebende Menschen, etwa einige Aborigines in Australien. Alle großen vergangenen Kulturen hatten ihre eigenen Mythen. »Die Mythen und Märchen sind die Träume der Völker«, meint C. G. Jung. In ihnen wird die gleiche Sprache gesprochen wie in unseren Träumen. Es ist die Sprache der Gefühle. Eine Sprache in Bildern. Die verbale Sprache kennt abstrakte Begriffe vielfältigster Art. Und doch ist es oft sehr schwer, eine Stimmung, ein Gefühl oder eine atmosphärische Veränderung mit Worten zu beschreiben. Eine Farbe, ein bestimmter Gegenstand, ein Geruch oder ein Ton können manchmal treffender eine ganz bestimmte Gefühlsqualität ausdrücken. Die Traumsprache bedient sich dieser Mittel und setzt sie in Bildern um. Vermutlich träumten unsere frühen Vorfahren, noch ehe sie eine entwickelte verbale Ausdrucksweise hatten, und drückten sich über die bildlichen Darstellungen in Höhlen aus.

Das Traumgeschehen handelt meistens von ganz subtilen Gefühlen und Stimmungen. Die Essenz der Information wäre sehr oft nicht durch unseren Verstand mit Worten umsetzbar. Deshalb spricht das Traumbewusstsein in Bildern, in Metaphern, Symbolen und Redewendungen. Der Dichter bedient sich der gleichen Werkzeuge, wenn er die Essenz seiner Aussage verdichten will. Er will nicht viele Worte machen, um sehr differenzierte Zusammenhänge zu beschreiben. Gleichzeitig wird seine Darstellung dadurch bunter und lebendiger. Er erzielt eine größere Wirkung beim Leser, weil bei jedem eigene Assoziationen entstehen.

Die Traumsprache lässt sich genauso verstehen. Ein Traumsymbol ist ein Naturphänomen, ein Lebewesen (Mensch, Tier oder Pflanze) oder ein Gegenstand, welches gleichzeitig eine abstrakte Bedeutung hat. Wenn wir beispielsweise von Feuer träumen, so heißt das eben nicht nur Feuer im ursprünglichen Sinne, sondern es kann auch für etwas Aufregendes stehen, für Leidenschaft, für Bedrohung, Vernichtung oder für Veränderung. Wie der Begriff Feuer in unserem Wachbewusstsein unterschiedliche Gefühle auslöst, je nachdem, ob wir an ein Feuer im Kamin oder an einen Waldbrand denken, so ist Feuer im Traum auch nur aus seinem Zusammenhang heraus zu verstehen. Dieser Hintergrund kann aber bei jedem Menschen je nach seinen bisherigen Erfahrungen ganz anders aussehen und andere Vorstellungen und Gefühle bei ihm auslösen. So stellt Wasser für den einen etwa Lebensfreude und Freiheit dar, während es bei einem Nichtschwimmer Angst auslösen kann.

Die folgenden Traumsymbole sind also nur Anhaltspunkte, und ihre tatsächliche Bedeutung für den Träumer ergibt sich aus dem ganz individuellen Erfahrungshintergrund.

Nahestehende Menschen

In den meisten Träumen spielen Menschen die Hauptrolle. Wenn es sich um Personen handelt, die uns nahestehen (Partner/-in, Kind, lebende Eltern, Freundin, Freund), sind sie höchstwahrscheinlich selbst gemeint.

Folgende Frage hilft, den Traum zu verstehen: Was erzählt mir der Traum über meine augenblicklichen Gefühle oder Gedanken diesem Menschen gegenüber? Dann beobachten Sie, was auf der sachlichen Ebene abläuft. Stellen Sie fest, ob das im Traum Erlebte in Bezug steht zu Wahrnehmungen, welche während des Tages unterschwellig gemacht wurden, und/oder ob Ihre Seele andere Sichtweisen und Gefühle als das bewusste Ich hat. Es ist schön, wenn Sie den Traum vertrauensvoll mit der betreffenden Person besprechen können. Dabei sollten Sie immer berücksichtigen, dass es Ihre Sicht und Ihr Gefühl in Bezug auf den anderen sind.

Wenn die wörtliche Deutung keinen Sinn ergibt, dann sollten Sie berücksichtigen, dass ein Teil von Ihnen selbst in der anderen Traumperson verkörpert ist.

Hanni, einer alleinerziehenden Mutter eines neunjährigen herzkranken Sohnes, fiel es besonders schwer, diesen Unterschied herauszufinden. Sie ist voll berufstätig, ihr Kind in einer Tagesstätte versorgt. Am Abend wird sie von ihrem Sohn ganz in Anspruch genommen. Während sie mit mir wegen des Traumes telefonierte, rief der Kleine zweimal aus dem Hintergrund nach ihr. Da er schon einige Male wegen seiner Krankheit in Kliniken war, ist sie verständlicherweise in ständiger Sorge um ihn. Sie erzählte mir, dass sie wiederholt träume, dass ihr *Sohn stirbt*. Darüber ist sie im Traum und auch nach dem Aufwachen voller Schmerz und Angst.

Behutsam versuchte ich das Gespräch auf sie selbst zu lenken. Sie gab zu, dass sie sehr erschöpft sei und so gut wie keine Zeit für sich selbst habe. Einen Urlaub für *Mutter und Kind* wolle sie nicht mehr machen, da auch dort der Kleine immer irgendwie um sie herum gewesen sei. Das habe sie sehr angestrengt. Sie hatte Mühe, mir das zu sagen. Sie fühlte sich schuldig dabei. Es ist verständlich, dass die Sorge um ihr Kind an ihren Nerven zerrt. Es ist auch verständlich, dass sie sich deswegen schuldig fühlt. Schließlich muss nach der herkömmlichen gesellschaftlichen Meinung eine gute Mutter *immer für ihr Kind da sein*, besonders wenn es krank ist. Sie fühlte sich in der Klemme. Ich ermunterte sie, *ihren Sohn* im Traum als ihr *inneres Kind* zu sehen, das *stirbt*. Sie selbst brauche Hilfe, und sie habe ein Recht darauf, jede mögliche Hilfe in Anspruch zu nehmen, damit sie sich um ihr *inneres Kind* sorgen kann.

Diese Worte hatten sie berührt. Einige Wochen später rief sie nochmals an, um sich zu bedanken. Sie hatte die Botschaft ihres Traumes jetzt verstanden und fühlte sich erleichtert. Konkret hieß das, dass sie zum ersten Mal einen Urlaub für sich allein geplant und deswegen keine Schuldgefühle gegenüber ihrem Sohn hatte und auch sonst anfing, häufiger etwas allein zu unternehmen.

Wenn die Eltern, besonders wenn sie schon verstorben sind, häufig in Träumen auftreten, sollte die Beziehung zu den Eltern überprüft werden. Es ist ein Zeichen dafür, dass die innere Ablösung von den Verstorbenen noch nicht vollzogen ist. Die Verstorbenen in ihrer nichtstofflichen Form können sich um die träumende Person sorgen. Sie können Kraft und Unterstützung bringen. Das wird auch in der Regel von der träumenden Person so erlebt. Jedoch ist letztendlich jeder Mensch für sich selbst verantwortlich und trägt alle Ressourcen, die er dazu braucht, in sich. Das Leben bleibt im Fluss, wenn sich die träumende Person von den verstorbenen Lieben, Eltern oder Partner, verabschiedet und sie ihren eigenen Weg in der geistigen Welt gehen lässt.

In den meisten Träumen verkörpern die Traumeltern jedoch eigene innere Anteile. Sie stellen sozusagen unsere *innere Mutter* oder den *inneren Vater* dar. Gewöhnlich wird ihr Erscheinen im Traum durch irgendeinen Vorgang im Wachleben ausgelöst, der einer ähnlichen Situation in der Vergangenheit entspricht, an die wir uns in der Regel nicht erinnern können. Über den Traum können wir uns mit den Eigenschaften auseinandersetzen, die uns einengen, zum Beispiel mit dem übermäßigen Anspruch, perfekt zu sein, sich immer anzustrengen und hart zu arbeiten, sich stets zu beeilen, sich zusammenzureißen und stark zu sein oder es den anderen recht zu machen. Mit diesen Antreibersätzen, wie die Transaktionsanalyse sie bezeichnet, setzen wir uns selbst und auch andere Menschen unter Druck.

Die Eltern haben ursprünglich nach bestem Vermögen dafür gesorgt, dass der kleine Mensch ein gutes Selbstwertgefühl und Selbstvertrauen entwickelte. Hatten die Eltern jedoch selbst seelisch-emotionale Defizite, so konnten sie nicht ausreichend geduldig, aufmunternd, tröstend, konstruktiv kritisch und beschützend zu ihren Kindern sein. Es geht hier nicht um Wertung oder gar Schuldzuweisung, sondern lediglich um eine Feststellung. So kann es sein, dass manche Menschen keine oder zu wenig fürsorgliche Elternqualitäten entwickelt haben. In schwierigen Situationen braucht der Mensch genügend Sachverstand, Disziplin, aber auch liebevolle Achtsamkeit, sich selbst zu akzeptieren, sich selbst Mut zu machen und geduldig zu sein. Geht er achtsam mit sich selbst um, kann und wird er es auch anderen gegenüber sein.

In ihrem ersten Muttertraum befindet sich Mara, eine Frau mit zwei eigenen Kindern, *auf einem Bahnsteig*.

*Sie und ihre Mutter sind gerade aus dem Zug gestiegen.
Um die beiden herum liegen viele Koffer und Gepäckstü-
cke. Die Mutter geht schon zum Ausgang und überlässt
es Mara, sich um das Gepäck zu kümmern. Mara ist überfordert.* In weiteren Träumen ist die Mutter mal *unge-
duldig*, mal *schimpfend* zu Mara. Nach und nach *lehnt
sich Mara* im Traum *auf* und *wird wütend gegen ihre
Mutter*. In der Realität merkte sie immer häufiger, wie
sie an ihre eigenen Kinder die gleichen Forderungen
stellte, die sie von ihrer leiblichen Mutter her kannte
und die sie auch an sich selbst stellte. Ihr fehlte es an
positiven mütterlichen Anteilen. Da sie entschlossen
war, sich zu entwickeln, gelang es ihr, mit Hilfe ihrer
Träume sich zu verändern. Sie hatte zahlreiche Träume, in denen sie *selbst Mutter ist und ihre eigene kleine*
(leibliche) *Tochter* bei sich hat. Jedoch war ihr schon
im Traum bewusst, *dass es die Kleine in ihr selbst ist, die
sie suchen geht, ankleidet, füttert, die Hosen sauber macht
und auch fest an der Hand halten muss, damit die Kleine
nicht stürzt.*

Im letzten Teil des Buches gebe ich Hinweise, wie
sich mit Hilfe der Träume allmählich eine liebevolle
Versöhnung der inneren Eltern- und Kindanteile voll-
ziehen kann. Jacqui Schiff, eine amerikanische Therapeutin, nennt diesen Prozess die *Neu-Beelterung*. Sie
hat zusammen mit ihrem Mann entdeckt, dass schi-
zophrene Jugendliche durch eine neue Erfahrung von
elterlicher Zuwendung und durch eine konstruktive
Wiederholung ihrer Kindheit geheilt werden können.
Die gleichen psychischen Vorgänge, wenn auch in
milderer Form, die sie in ihrem Buch *Alle meine Kinder*
über die *Neu-Beelterung* beschreibt, laufen in uns ab,
wenn wir einen Konflikt in uns spüren. Träume informieren uns darüber.

Auch im folgenden Traum ist nicht die leibliche

Mutter gemeint. Marias Mutter ist vor fünf Jahren gestorben. Die Beziehung der beiden zueinander war nicht gut. Ihr Traum: *Meine Mutter ist schwanger. Der Test beim Arzt ist positiv. Ich bin ihr gegenüber skeptisch. Doch sie sagt: Es stimmt. Das Kind kommt schon.*

Schwangerschaft und Geburt im Traum symbolisieren in aller Regel neue Lebendigkeit oder die Entstehung von seelischem Leben und von neuen Werten. In diesem Traum ist die *innere Mutter* von Maria gemeint. Diese ist schwanger. Maria wird eine neue mütterlich-weibliche Qualität in sich entwickeln. Marias Traum-Ich (ihr Verstand) ist jedoch noch skeptisch und zweifelt daran.

Als nächstes Beispiel möchte ich einen Traum schildern, in dem der leibliche Vater, der bereits seit Langem verstorben ist, auftritt. Der Traum spiegelt die Wechselwirkung zwischen Vater und Tochter wider. Die Träumerin, Rosi, sechsundvierzig Jahre alt, verheiratet, hatte diesen Traum wiederholt innerhalb von zwei Jahren:

Ich bin bei einer Feier in einem Lokal. Wir sitzen um einen großen langen Holztisch herum, der mit einer weißen Decke gedeckt ist. Ich sehe nur Flaschen und Gläser. Es gibt nichts zu essen. Außer mir sind noch meine beiden Schwestern Edeltraud und Monika da. Sonst kenne ich niemanden. Alle sind sehr fröhlich. Plötzlich ist mein Vater auch da, obwohl er schon seit 20 Jahren tot ist. Ich gehe von einem zum anderen und unterhalte mich etwas. Mit Vater spreche ich nicht. Er schaut mich oder meine Schwestern auch nicht an.

Davon ausgehend, dass jeder Aspekt zum Verständnis des Traumes beitragen kann, lasse ich Rosi die einzelnen Figuren und Gegenstände nacheinander spielen. Dabei entsteht wie bei einem Puzzle aus vielen Teilen schließlich ein klares Bild. Aber zunächst müssen die einzelnen Teile des Traumbildes entzerrt werden. Sie sind so miteinander verknotet und verstrickt, dass sie uns auf den ersten Blick unverständlich sind. Wenn erforderlich, stelle ich Fragen oder gebe Hinweise während des Traumspiels.

Tisch: *Ich bin etwa 4 m lang und 2 m breit. Es wird viel getrunken, aber nichts gegessen.*

Therapeutin: *Schon etwas merkwürdig: Es liegt eine weiße Decke auf, ohne dass es eine Mahlzeit gibt.*

Tisch: *Stimmt. Etwas stimmt nicht. Wir sind in einem öffentlichen Lokal. Es ist auch eine ganz fröhliche Atmosphäre im Raum. Und doch erschrickt Rosi, als ihr Vater plötzlich mit am Tisch sitzt und wieder plötzlich verschwindet.*

Therapeutin: *Wie sitzen denn die beiden zueinander?*

Tisch: *Ziemlich weit auseinander. Sie sitzen sich schräg gegenüber, aber jeweils an den Enden der beiden Längsseiten.*

Rosi als **Traum-Ich:** *Vater ist schon etwas friedlicher und lockerer als früher. Etwas freue ich mich schon, dass er da ist.*

Therapeutin: *Erzähle mal, wie du deinen Vater in Erinnerung hast.*

Rosi: *Er war ziemlich streng und autoritär. Er hat uns viel verboten. Ich durfte mit sechzehn, siebzehn Jahren nie ausgehen. Ich habe mich abends heimlich weggeschlichen oder bin trotz seines Verbotes gegangen. Ich habe mich schon amüsiert, wusste aber, dass ich mit einer Ohrfeige dafür bezahlen musste. Mit neunzehn Jahren habe ich geheiratet. Meine Fügsamkeit habe ich ganz in meine Ehe mitgenommen. Mein Mann nahm den Platz des Vaters ein. Ich konnte mich überhaupt nicht behaupten oder abgrenzen. Das ging eine lange Zeit so. Ich war vollkommen unselbstständig. Dann kam ich über eine Krankheit zu einer Therapie. Dort verstand ich erst lang nicht, was die Therapeuten meinten. Ich kannte außer meiner bisherigen Lebensweise* *nichts. Erst langsam begann ich zu begreifen. Heute bin ich froh und dankbar über die Krankheit, weil sie der Anlass war, mein Leben zu ändern.*

Rosi als **Edeltraud** (Schwester, ein Jahr älter): *Ich stand Rosi früher sehr nahe. Wir hatten ein Zimmer zusammen. Wir sind wie gute Freundinnen zueinander gewesen. Sind es heute noch. Rosi war mutiger als ich. Ich habe mich nie getraut, abends wegzugehen. Ich bin darüber sehr traurig gewesen.*

Rosi als **Monika**: (Schwester, 6 Jahre älter): *Ich bin als Erste von 7 weggegangen. Ich musste aus beruflichen Gründen mit neunzehn Jahren wegziehen. Ich war das lebenslustigste von uns Mädchen. Ich habe Gott sei Dank am wenigsten unter Vaters Strenge gelitten.*

Therapeutin: *Die beiden Schwestern, zu denen du in deiner Kindheit und Jugendzeit den engsten Kontakt hattest, sind jetzt in deinem Traum, weil du in dir Teile der beiden trägst: den Mut und die Neugierde von Monika, aber auch die Traurigkeit von Edeltraud. Früher wurden deine Neugierde und der Spaß, den du hattest, durch die Angst vor der Strafe beeinträchtigt. Wie sieht es denn heute aus? Du gehst doch aus, bist aktiv und freust dich deines Lebens.*

Rosi: *Heute bezahle ich dafür mit einem schlechten Gewissen wegen meines Mannes, der zu Hause ist. Nach ein paar Stunden mit meinen Freundinnen werde ich schon unruhig und dringe zum Aufbruch.*

Therapeutin: *Merkst du, dass du immer noch die Stimme deines Vaters in dir hörst? Sie ist so stark in dir wie deine eigene.*

Rosi ist betroffen. Sie stellt fest, dass sie im Inneren immer noch das vom Vater abhängige junge Mädchen ist, obwohl sie im beruflichen Alltag ganz kompetent ist. Sie begreift auch die Botschaft des Traumes: *Nimm Abschied von deinem inneren Vater.* Ich schlage ihr vor: Schreibe deinem Vater einen Abschiedsbrief. Dabei wirst du bestimmt auch Traurigkeit spüren. Lass alle Gefühle zu, die du dabei empfinden wirst. Die mit deinem *inneren Vater* zusammenhängenden Schuldgefühle werden sich auflösen. Einen Brief zu schreiben, um einen wichtigen seelischen Schritt auszudrücken, ist ein Ritual. Das Unbewusste ist durch ein Ritual sehr ansprechbar.

Auffällig an den Traumbildern ist: Der Tisch ist wie für ein Essen gedeckt, aber es gibt nichts. Essen als Symbol für Zuwendung und Nähe. Daran fehlte es. Rosi ist nur mit Edeltraud und Monika richtig vertraut gewesen. Der Vater musste eine Schlüsselstellung in ihrem Leben gespielt haben. Die Mutter und die übrigen drei Geschwister sind nicht vorhanden. Es ist ein öffentliches Lokal, nicht die elterliche Wohnung. Sehr viel Intimität ist hier nicht möglich, was auch daran zu erkennen ist, dass Rosi, ihre Schwestern und der Vater weit voneinander entfernt sitzen und nicht miteinander reden. Es ist viel Fröhlichkeit in der Gesellschaft. Aber Rosi merkt, dass irgendetwas nicht stimmt. Die Fröhlichkeit kommt nicht von Herzen und ist nur oberflächlicher Art. Rosi ist in einem Elternhaus aufgewachsen, wo es schon Kommunikation und Fröhlichkeit, aber keine echte Nähe und Zuwendung gab.

Freunde und Bekannte

Freunde und Bekannte sollten wir auch zunächst als sie selbst verstehen. Marianne träumte einige Zeit nach der Trennung von ihrem Mann:

Ich bin bei Tanners eingeladen. Auf dem Weg zu ihnen sehe ich Jaspers, die Theatergruppe und Bernd Tanner an mir vorüberziehen. Sie tragen eine Matratze wie einen Baldachin über sich. Ich bin verletzt. Ich vermute, dass eine gemeinsame Theaterprobe angesetzt ist, worüber ich nicht unterrichtet worden bin. Über Bernd bin ich verärgert, dass er meinen Besuch bei ihnen einfach übergeht und auch keine Erklärung gibt, dass er jetzt hier mit der Gruppe zusammen ist.

Tanners und Jaspers waren gemeinsame Freunde von ihr und ihrem Mann. Marianne war Mitglied der Amateurtheatergruppe. Marianne merkte, dass sich die Freunde von früher seit der Trennung immer mehr zurückzogen. Sie war darüber traurig, versuchte aber, damit zurechtzukommen. Der Traum zeigte ihr, dass ihr Herz die Vernachlässigung durch die Freunde nicht so einfach hinnahm.

Haben wir schon länger keinen Kontakt mehr zu den Personen, können wir davon ausgehen, dass diese Freunde eigene Persönlichkeitsanteile verkörpern, die uns noch nicht bewusst sind. Marianne erlernte seit Kurzem einen neuen Beruf, weil sie im bisherigen immer unzufriedener wurde. Für die Zeit der Umschulung brauchte sie eine finanzielle Unterstützung, die sie sich von ihrem Mann, einem gut verdienenden Manager in leitender Stellung, erhoffte. Sie lebte seit einem Jahr von ihm getrennt. Ihr fiel es schwer, ihn deswegen anzusprechen, weil sie seine oft derbe und zurückweisende Art befürchtete. Im nächsten Traum ging es weiter:

Albert (mein Mann) und ich sind mit dem Leiter der X-Werke, Paulus, und seiner Frau verabredet. Es ist kurz vor 12 Uhr. Frau Paulus sagt: ›OK, auch wenn es etwas knapp ist, so werden Sie auf jeden Fall zum Essen dableiben.‹ Sie lädt uns also zum Essen ein, obwohl wir nur eine Unterredung haben wollten. Sie meint weiter: ›Ich will dafür sorgen, dass das Gespräch angenehm verläuft, damit Sie, Herr Reiter (Albert), sich nicht woanders beschweren, wie es hier bei den X-Werken zugeht.‹

Während wir noch ein paar Minuten warten, merke ich,
wie draußen für uns eigens Tische umgestellt werden. Diese
Umstände sind mir peinlich.

Marianne erklärte, dass sie und Albert Herrn und
Frau Paulus zwar persönlich kannten, aber keinen
Kontakt zu ihnen pflegten. Frau Paulus sei ihr sympathisch, Herr Paulus dagegen nicht. Während sie die
beiden näher beschrieb, kam sie von allein darauf, dass
sie und Albert gemeint waren. Ihr wurde auch klar,
dass es um das notwendige Gespräch mit Albert wegen der finanziellen Unterstützung ging, weil der bevorstehende Stichtag für das neue Studium immer näher rückte. Sie machte tatsächliche *große Umstände* um
das Gespräch, weil sie Angst hatte, dass der Exmann
den Sachverhalt der gemeinsamen Tochter falsch darstellen könnte *(dass er sich woanders beschwert)*. Diese
Befürchtung war begründet, das wusste sie.

Ihr Traum zeigte ihr erstens, dass das Gespräch notwendig und zweitens, dass es durchaus angebracht
ist, dabei klug und vorsichtig vorzugehen *(Umstände
machen)*, auch wenn es einem Teil von ihr *peinlich* war.
Mit diesem Teil meinte sie ihren Stolz. Der Traum war
damit noch nicht erschöpfend verstanden. Ungeklärt
blieb die Art der Beziehung zu ihrer Tochter. Doch
Marianne war vorerst mit den gewonnenen Erkenntnissen zufrieden.

Es ist möglich, dass die Menschen aus unserer Vergangenheit im Zusammenhang mit Wünschen unseres
jetzigen Lebens stehen, so wie es bei Frau Sch., einer
älteren allein lebenden Frau, der Fall war. Obwohl sie
vier Kinder und Enkel hatte, war sie sehr oft allein
und fühlte sich einsam. Sie schilderte mir, dass sie ihr
Wohnhaus gegen ihren Willen verlassen müsse, weil
einer ihrer Söhne es verkaufen wolle.

Daran erkennt man schon, dass ihr Verhältnis zu den

erwachsenen Kindern getrübt war. Sie litt darunter, fühlte sich aber auch ganz hilflos. In jeder zwischenmenschlichen Beziehung tragen beide Partner ihren Teil der Verantwortung zum Verlauf und zur Qualität der Beziehung bei. Dies gilt im besonderen Maß für die Beziehung zwischen Mutter und Kindern.

Frau Sch. träumte wiederholt von verstorbenen Bekannten und Freunden, von einer Zeit, in der sie noch nicht so einsam war. Sie selbst meinte zum Traum, dass sie mehr in der Vergangenheit als in der Gegenwart lebe und sich nach der Vergangenheit zurücksehne. Ihr Bedürfnis nach Kontakt und menschlicher Nähe war offensichtlich. Dass der Kontakt zu ihren Kindern und Enkeln gestört war, war ihr gar nicht richtig bewusst. Genau da hatte sie ihren blinden Fleck. Leider wollte Frau Sch. nicht weiter auf ihren Traum eingehen. Hätte sie es getan, davon bin ich überzeugt, hätte sie die Wünsche ihres Herzens klarer gesehen. Und sie hätte sich vielleicht dem Konflikt mit ihren Kindern zuwenden können.

Ein Traum erzählt uns nicht etwas, was wir ohnehin schon wissen. Er weist uns auf Bedürfnisse hin, die wir uns mit unserem Verstand verbieten oder verniedlichen. Deshalb meine ich, dass ihr Herz sich die Versöhnung mit den Kindern wünschte. In ihrem Wachbewusstsein hatte sie sich ihnen gegenüber verhärtet und sah keine Möglichkeit der Versöhnung.

Im folgenden Traum stehen die Bekannten für die eigenen, schon verstorbenen Eltern der Träumerin. Petra unterhält lockere Kontakte zu einem älteren Ehepaar, das auf sie einen harmonischen Eindruck macht. Diese älteren Menschen erinnerten sie immer wieder an die eigenen Eltern, erklärt sie. *Im Traum pflegt sie die Bekannten. Dabei stellt sie eine plötzliche Wunde am Körper des Mannes fest. Sie will die Wunde mit Puderzucker*

versorgen. Doch die Ehefrau will das verhindern und statt-
dessen ›stärkere‹ Medikamente verwenden.

Da Petra selbst schon den Bezug zu ihren Eltern
herstellt, weise ich sie auf die Möglichkeit hin, dass
mit den Traumpersonen die verinnerlichten Eltern in
ihr gemeint sein könnten und dass sie vermutlich mit
Puderzucker ihre verletzten *väterlichen* Anteile heilen möchte. Die *mütterlichen* Anteile wollen das verhindern. Vermutlich seien die Heilungsversuche von
Petra nicht ausreichend. Der Traum weist auf einen
inneren Konflikt hin. Was nun konkret die väterlichen
und mütterlichen Anteile sind, und was mit Puderzucker gemeint ist, kann Petra erst über ein Hinein-
gehen ins Traumgeschehen klären.

Kinder

Wenn eigene Kinder im Traum der Eltern erscheinen,
sind sie zunächst einmal selbst gemeint. Die Frage *Wie
kommt es, dass ich gerade jetzt von meiner Tochter träume?*
hilft zu klären, was uns in Bezug zur Tochter beschäftigt. Vielleicht sollen wir auf eine Schwierigkeit des
Kindes aufmerksam gemacht werden und mehr Verantwortung für sein Wohlergehen übernehmen.

Häufiger jedoch bezieht sich ein solcher Traum
auf das eigene *innere* Kind. Dies trifft auf jeden Fall
zu, wenn das Kind anonym ist. Kleine Kinder und
Säuglinge erscheinen häufig in unseren Träumen zu
Beginn eines neuen Lebensabschnittes. Sie weisen auf
neues Leben in unserer Entwicklung hin und haben
eine positive Bedeutung. Mancher Vater sieht in seinem Sohn das verkörpert, was in ihm selbst noch jung
ist. Manchmal nimmt auch das Kind den Vater an die
Hand, um ihn zu führen. Das zeigt, dass der Prozess

des Lernens auf unbewusster Ebene begonnen hat und eine Bewusstseinserweiterung eingeleitet wird.

Zum Verständnis des Traumes sind alle Begleitumstände zu beachten. Es ist bedeutsam, in welchem Zustand und unter welchen Umständen wir das Kind im Traum erleben. Ist es gesund und glücklich, gut ernährt und gepflegt, ist es ein Symbol für Hoffnung und Wachstum. Begegnen wir aber einem verlassenen, kranken oder behinderten Kind, weist der Traum auf unentwickelte Seiten der eigenen Person hin oder auf solche, die auf einen Konflikt aus der Kindheit fixiert sind. Wie ich schon im Abschnitt Eltern dargestellt habe, gilt es, fürsorgliche Elternqualitäten zu entwickeln, um sich seinem vernachlässigten *inneren* Kind zuzuwenden, damit ein heilender Prozess eingeleitet wird.

Mara hat häufig Träume, in denen sie für ihre Kleine sorgen muss:

Ich bin mit meiner kleinen Tochter in einer fremden Stadt. Wir gehen durch einige Straßen und gelangen zu einer Schule. Dort spielt sie auf dem Hof. Plötzlich ist sie verschwunden. Ich rufe nach ihr und gehe sie suchen.

Ein anderes Mal ist sie zwei Jahre alt. Sie klettert an einer Kaimauer hinab, die ganz steil ist. Sie setzt sich auf eine vorstehende Steinplatte, die aus der Mauer ragt. Ich versuche ihr zu helfen, wieder heraufzukommen. Aber sie schafft es fast allein.

Im Traum ist Maras Kleine neugierig und unvorsichtig. Sie entfernt sich von der Mutter und begibt sich in Gefahr. Die essenzielle Botschaft für Mara ist, dass sie Menschen, die sie mag, sehr schnell vertraut und Zuwendung schenkt, ohne sich ausreichend abzugrenzen. Sie ist zu *leichten Sinnes* (leichtsinnig). Sie muss lernen, sich (ihre Kleine) zu beschützen, um nicht im Kontakt zu anderen *verloren zu gehen*. Sie entwickelt im Verlauf der Therapie recht schnell gute mütterliche Fähigkeiten für sich selbst.

Das zeigt sich im folgenden Traum:

Ich habe einen Säugling auf dem Arm, der nicht genügend angezogen ist. Er lacht, es scheint ihm gut zu gehen. In der Lendengegend fühlt sich das Baby kalt an. Ich sorge mich um seine Nieren und kleide es ganz warm an. Dabei achte ich gut darauf, dass es sich frei bewegen kann und Platz zum Strampeln hat.

Prominente

Träumen wir von Figuren des öffentlichen Lebens wie etwa Politiker, Wissenschaftler oder Schauspieler, die wir nicht persönlich kennen, sind nicht sie selbst gemeint. Für die Klärung sind folgende Fragen nützlich: *Sagen diese Menschen etwas über wirkliche Personen in meinem Leben aus? Beziehen sie sich auf Eigenschaften oder Vorstellungen von mir selbst? Liegt die Bedeutung vielleicht im Namen der Persönlichkeit?*

Inge, eine Freundin von mir, hatte in ihrer Teenagerzeit immer wieder folgenden Traum: *Ich bin zu Hause bei meinen Eltern. Da kommt von hinten durch den Garten Hitler zu mir, nimmt mich in den Arm und tanzt mit mir. Ich bin fasziniert. Während des Tanzens kann ich es selbst nicht fassen, dass ich das Tanzen mit diesem Monster schön finde.*

Sie erzählt mir, dass dieser Traum ihr erst viel später, zu einer Zeit, als sie nicht mehr bei ihren Eltern wohnte, verständlich wurde. Mit Hitler meinte ihre Psyche ihren Vater. Inge schildert ihn als überaus streng, strafend und willkürlich. Andererseits hatte er Momente, in denen er zärtlich und liebevoll war. Doch wurden diese seltenen Stunden oft jäh durch heftige Ausbrüche von Zorn unterbrochen. Diese unerwarteten Änderungen in seinem Verhalten drückte der Traum so aus: *Hitler kommt von hinten durch den Garten.* Garten ist ein Symbol für Freundschaft und Herzlichkeit. Von hinten kommen heißt umgangssprachlich *unerwartet kommen, überraschend, mit der Absicht zu überrumpeln.* Inge liebte ihren Vater und fürchtete ihn zugleich. Sie war von ihm genauso fasziniert und fühlte sich ihm genauso ausgeliefert wie Hitler im Traum.

Den folgenden Traum hatte ich während meiner psychotherapeutischen Ausbildung, in einer Zeit, in der ich sehr beschäftigt war. Ich hatte keine Probleme dabei, diszipliniert bis zur Erschöpfung zu arbeiten. Erholung und Spaß kamen dabei allerdings viel zu kurz.

Ich fahre Zug. Im Abteil befindet sich – inkognito – Queen Elizabeth. Ich erkenne sie aber sofort. Kurz darauf kommt noch Fanita English hinzu. Als Elizabeth einmal kurz hinausgeht, komme ich mit Fanita English ins Gespräch. Fanita kennt Elizabeth nicht, ich hingegen schon. Später unterhalten wir uns zu dritt. Es ist ein sehr angeregtes Gespräch. Wir überlegen uns, ob wir nicht einfach weiterfahren, anstatt auszusteigen, weil wir so viel Spaß haben.

Fanita English ist eine anerkannte Therapeutin und Trainerin im Bereich der Transaktionsanalyse. Ich hatte sie bei einem Workshop kennengelernt, den sie mit viel Lebendigkeit und spürbarer Lebensfreude geleitet hat. Sie wurde für mich das Vorbild einer guten Therapeutin. Queen Elizabeth dagegen verkörpert für mich Disziplin, Pflichterfüllung, Humorlosigkeit. Zur Zeit des Traumes lebte ich eher wie Elizabeth. Der Traum zeigte mir, dass sich ernsthaftes Arbeiten gut mit Lebensfreude und Spaß verbinden lässt.

Unbekannte Menschen /
Archetypen

Manche Traumbilder bedeuten, wie C.G. Jung meinte, für eine große Zahl von Menschen aus den unter-
schiedlichsten Kulturkreisen Gleiches oder Ähnliches.
Jung hat bekanntlich eine Zeitlang sowohl bei Indios
in Mittelamerika als auch bei Afrikanern gelebt, um
ihre Mythen und Symbole zu studieren. Er verglich
diese dann mit seinen eigenen Traumbildern und denjenigen seiner Patienten und stellte eine verblüffende
Ähnlichkeit in der Bedeutung fest. Er nannte sie **Archetypen**. Damit sind Symbole gemeint, die über Völ-
ker-, Zeit- und Kulturgrenzen hinweg allgemeingültig
sind. Sie tauchen aus dem *kollektiven Unbewussten* auf
und sind die Essenz aller Religionen, Mythen, Legen-
den und Märchen.

Das ist nicht allzu überraschend, wenn man bedenkt,
dass die Märchen vieler Völker mit den Träumen eng
verwandt sind und sich auffällig gleichen, selbst wenn
diese Völker nachweislich nie miteinander in Berührung kamen. Einerseits entsteht in jedem Menschen
aufgrund seiner ganz individuellen Erfahrungen und
Erlebnisse ein ganz persönliches Unbewusstes, dessen
Inhalte Stoff für seine Träume sind.

Andererseits hat jeder Einzelne – so C.G. Jung –
Zugang zum *kollektiven Unbewussten*, welches als die
tiefste aller unbewussten Schichten betrachtet wird.
Dieses gehört allen und wirkt in jede persönliche Psyche hinein. In ihm sind die grundlegenden Lebens-
formen des menschlichen Lebens und ihre Ähnlich-
keiten in der Natur verankert: typisches Verhalten
des Menschen in Glück und in Not, Themen im Zu-
sammenleben mit anderen, Bewältigung des Alltags

sowie Reaktion und Verhalten in Krisenzeiten und bei ungewohnten Entscheidungen.

Diese urtümlichen *archaischen* Bilder werden von Generation zu Generation weitergereicht. Sie scheinen seit Urzeiten als Erbe in jedem Menschen angelegt zu sein. Ohne es zu wissen, handeln wir nach ihnen. Solche Urbilder treten im Traum immer dann auf, wenn es sich in der Entwicklung des Träumers nicht mehr um eine ganz individuelle Lebensgestaltung handelt.

Archetypen gelten auch als das psychologische Gegenstück zu den biologischen Instinkten, was sich vor allem darin zeigt, dass sie bei Veränderungen und Ereignissen auftreten, bei denen physische und psychische Prozesse ablaufen, wie etwa in der Pubertät, bei Heirat, Geburt, schweren Erkrankungen, Trennung, Alter, Sterben. Archetypen wurden zu allen Zeiten und in allen Kulturen als *Heilsbringer* angesehen. C.G. Jung meinte dazu, dass ihre *Verletzung* eine Bedrohung der Seele zur Folge habe. Er setzte ihre Wirkung denen von vernachlässigten oder misshandelten Körperorganen oder organischen Funktionssystemen gleich. Diese Archetypen sind nicht leicht zu verstehen, weil sie so ganz und gar unpersönlich sind. Ihr Auftauchen in Träumen wird als ein Zeichen für beginnende Reife angesehen.

Eine unbekannte Frau im Traum einer Frau, welche verzerrt, unsympathisch oder gar bedrohlich wirkt, stellt den **Schatten** dar. Damit sind unbewusste und meistens seit der frühen Kindheit verdrängte Eigenschaften der Träumerin gemeint, welche das bewusste Ich ablehnt und die daher umso stärker darauf drängen, ins Bewusstsein integriert zu werden. Die negativen Eigenschaften passen nicht in das Bild, das wir uns von uns selbst machen. Steht eine Frau zu ihrem Schatten, so kann sie das naive junge Mädchen in sich verabschieden, das ihr im Leben oft genug im Wege stehen mag, wenn sie nämlich immer wieder schmerzhaft erleben muss, dass die anderen nicht so sind, wie sie in ihrer Blauäugigkeit erwartet hatte. Sie kann rosarote Illusionen aufgeben und sich ihrer Stärke und Kompetenz bewusst werden, weil sie die psychische Energie zum Verdrängen ihrer negativen Eigenschaften freisetzt. Erkennt sie erst ihre dunklen Anteile, kann sie besser damit umgehen und wird nicht mehr von ihnen beherrscht. Akzeptiert sie ihren eigenen Schatten, schützt sie sich gleichzeitig vor Übergriffen von außen und wird toleranter anderen gegenüber.

Im Ihrcm täglichen Leben kann der eigene *dunkle* Anteil sich so bemerkbar machen, dass Sie sich irgendwie unzufrieden und unausgeglichen fühlen, dass Sie Selbstzweifel hegen, unbestimmte Schuldgefühle haben, von vagen Sorgen geplagt werden, sich als Opfer fühlen oder Ihnen gewisse Themen unbehaglich werden und Sie ihnen ausweichen. Es ist unangenehm, sich diesem eigenen Schatten zu stellen. Enthüllt ein Traum einen solchen Aspekt, dann werden Sie nicht leicht daran vorbeischauen können. Die Trauminstanz neigt dazu, immer wieder Träume der gleichen Art zu schicken, bis wir uns die Botschaft bewusst machen.

Marianne, die bereits an anderer Stelle erwähnt ist, hatte zu Beginn ihrer Therapie einige Schattenträume. In einem ersten Traum *ist sie eine Zwölfjährige und wird von einem gleichaltrigen Zigeunermädchen verfolgt. Dieses ist sehr verwildert und macht Marianne wirklich Angst.* In einer Gegenüberstellung im Traumspiel stellt sich heraus, dass *die Wilde nur von Marianne beachtet werden möchte.* ›*Marianne ist so stolz und will mich nicht wahrhaben*‹, betont das Zigeunermädchen, ›*Ich möchte ihre Freundin werden und könnte ihr einiges zeigen, was ihr sehr nützlich ist*‹. Marianne erkennt, dass es sich um

102

ihre ganz natürlichen Aggressionen handelt, die sie mühsam unter dem Einfluss ihrer Eltern und der Kirche verdrängt hatte. In einem anderen Traum wurde sie von einer *großen dunklen Wolke* verfolgt, buchstäblich ein Schatten. Auch dieses Mal handelte es sich um ihre verdrängte Wut.

Ist die Frauenfigur eher gütig und älter oder eine Feen- bzw. Göttinnengestalt, symbolisiert sie die innere Helferin, auch **Alte Weise** genannt. Damit sind innere Ressourcen gemeint. Ein gütiger älterer Mann **(der Alte Weise)** im Traum eines Mannes weist ebenfalls auf die inneren Kräfte und Fähigkeiten hin.

Ebenfalls zu Beginn ihrer Therapie hatte Marianne folgenden Traum:

Ich bin mit anderen Leuten in einer freien Landschaft. Plötzlich wird Alarm gegeben. Hunde stürmen heran. Es heißt: Der Graf der Gegend kommt und will uns verjagen. Die meisten flüchten in einen Stall. Weil ich nicht mehr hineingelange, klettere ich auf einen Baum. Nun heißt es: Die große Fee kommt. Ich sehe sie unten an meinem Baum stehen. Sie hat lange Haare und ein wallendes weißes Gewand. Ich habe Angst.

Sie sagt etwas zu mir. Es klingt spöttisch. Nun beginnt auch sie, den Baum hinaufzuklettern. Je näher sie kommt, desto mehr merke ich aber, dass sie sehr freundlich und gütig ist und beruhigend auf mich einredet. Ich habe plötzlich das Gefühl, ein kleines Kind zu sein. Ich beginne zu weinen, während sie mir sagt: ›Das kleine Kind vermisst die Liebe und die Geborgenheit der Mutter, und jetzt schreit es sich die Not weg‹. Und mein Weinen verwandelt sich nach und nach in Wutschreie.

Dieser Traum war ein wichtiger Meilenstein in ihrer Therapie. Danach gelang es ihr, tief liegende im Zusammenhang mit ihrer Mutter stehende Themen aufzuarbeiten.

Die Rolle der **Helferin** wird im weiblichen Traum auch vielfach von besonderen Frauen aus dem Bekanntenkreis und aus der Kindheit eingenommen, etwa eine besonders warmherzige Nachbarin oder Lehrerin, eine liebevolle Tante, eine ältere Schwester.

In dem nachfolgenden Traum drückte Anja selbst, eine junge Frau von fünfundzwanzig Jahren, ihr Bedürfnis ganz klar aus und erhielt daraufhin die Zustimmung einer gütigen alten Frau. Ihr Traum:

Ich bin auf einer Insel. Ich gehe durch eine lange Reihe von Frauen, die auf beiden Seiten stehen. Am Ende des Spaliers steht eine einzelne Frau mit langen Haaren, die teils noch dunkel, teils bereits weiß sind. Sie empfängt mich und führt mir meinen Mann zu. Dann überreicht sie mir einen Kinderschuh. Ich gebe ihr den Schuh zurück, worauf sie mich anschaut und dann bedächtig nickt.

Zu ihrem Leben erzählte Anja: Sie lebe mit ihrem Freund zusammen. Dieser möchte heiraten und ein Kind haben. Anja jedoch noch nicht. Es sei ihr noch zu früh, weil sie erst ihr eigenes Leben führen möchte. Innerlich allerdings fühle sie sich der Familientradition verpflichtet, eine Familie zu gründen. Durch den Wunsch ihres Freundes fühle sie sich noch mehr verpflichtet.

Die Traumbilder spiegeln genau ihre Lebenssituation zur Zeit des Traumes wider. Die Familientradition wird durch die Reihen der Frauen auf beiden Seiten dargestellt, wonach es Aufgabe der Frau ist, eine Familie und Kinder zu haben. Dass sie sich mit ihrem Bedürfnis, vorerst noch ohne Kind zu leben, allein sieht, erkennt man im Symbol Insel. Die gütige Alte Frau, welche einerseits die Familientradition repräsentiert, sie andererseits aber auch in ihrem ureigenen Wunsch akzeptiert, erinnerte Anja an ihre Großmutter, von der sie viel Liebe und Geborgenheit erfahren hatte. Diese Großmutter war eine sehr mädchenhafte Frau, was im Traum durch die langen, teils weißen und teils dunklen Haare erkennbar ist. Dieser Frau verdankte Anja auch die eigene innere Stärke, zu sich selbst zu stehen, auch wenn sie sich damit gegen ihren Freund und die übrige Familie wendet. Während des Traumes und danach hatte Anja ein gutes Gefühl. Sie fühlte sich in ihrem Bedürfnis, vorerst noch kein Kind zu haben, bestärkt.

Erscheint im Traum eine Gruppe von Frauen, fühlt sich die Träumerin in aller Regel geborgen und erlebt eine Kraft, die ihr im Leben weiterhilft. Man kann Anjas Traum aufgrund der archetypischen Bilder und der Bedeutung für die Träumerin durchaus als einen *großen* Traum bezeichnen.

Ein **unbekannter Mann** im Traum eines Mannes kann in sehr negativen, bedrückenden oder bedrohlichen Zügen auftreten und verkörpert seinen **Schatten**. Mit Bildern vom Querulanten, Geizhals, Tyrannen, Bettler, Vagabunden oder ähnlichen Gestalten will die Traumkraft auf die verdrängten dunklen Eigenschaften hinweisen, welche wir in der Regel an anderen erkennen und auch an diesen bekämpfen. Aus eigener Erfahrung und aufgrund von Berichten anderer Menschen bin ich zu der Überzeugung gelangt, dass wir aus unseren *Schwächen* Stärken machen können, da ein und dieselbe Eigenschaft eine dunkle, aber auch eine helle Seite hat. Sie ergänzen sich wie die zwei Seiten einer Münze.

Wie die unbekannte weise alte Frau im Traum einer Frau, so erscheint im Traum eines Mannes der **unbekannte Alte**, der **Alte Weise**, welcher das uralte, zeitlose Wissen um alle Lebensdinge verkörpert. Er kann in der Vollendung männlicher Kraft und männlichen Geistes, etwa als König, Staatsmann, Häuptling, Schamane oder Magier auftreten. Es ist ein Hinweis auf innere Kraft.

Im Traum eines Mannes stellt eine unbekannte Frau die **Anima** dar, seine unbewusste weibliche Seite. Sie taucht in Träumen in Form von Frauenbildern auf, die von der Prostituierten bis zur spirituellen Führerin reichen können. Sie verkörpert seine Gefühlsseite und verhält sich komplementär zu seiner bewussten Einstellung. Das Bild der Anima ist zunächst durch die eigene Mutter geprägt. Über die persönliche Erfahrung hinaus ist es mitgeformt durch kulturell bedingte Eigenschaften des Weiblichen. Die Anima bewirkt, dass sich der Mann erotisch unbewusst zu einer bestimmten Frau hingezogen fühlt und bestimmt auf diese Weise seine Partnerschaft. Die Qualität der Anima spiegelt sich in der Art seiner Beziehungen zu Frauen wider. Die Auseinandersetzung mit seiner inneren Frau hilft dem Mann, den Weg in die eigene Tiefe zu gehen und zu seiner Ganzheit zu gelangen. Die Anima ist somit die Mittlerin zwischen seinem bewussten Ich und seinem tieferen Persönlichkeitskern.

Den folgenden Traum erzählte mir Josef, ein sechzigjähriger alleinstehender Mann. Er meinte dazu, dass er den Traum nicht vergessen könne, obwohl er ihn schon vor über fünf Jahren geträumt habe:

Eine in ein weites weißes Gewand gehüllte ältere Frau geht vor mir auf einer Wiese. Ich will ihr nachgehen. Ein weißer Schwan will mich daran hindern. Ich verjage ihn und laufe schließlich hinter der Frau her. Dann gelange ich in ein Moor und versinke darin bis zum Kopf. Ich habe dann Angst und Gewissensbisse, weil ich den Schwan weggescheucht habe.

Leider wollte Josef sich den Traum nicht näher anschauen. Und da ich einen Traum nicht deute, sondern bei der Erschließung helfe, stellte ich ihm nur die

106

Frage: *Gibt es die Ahnung oder das Gefühl, etwas im Leben ›nachlaufen zu müssen‹, oder mit anderen Worten: einen bestimmten Bereich des Lebens nicht voll gelebt zu haben?* Josef bejahte das. Von den Bildern her handelt es sich um eine Anima-Gestalt, die als weise ältere Frau ihn einlädt, ihr zu folgen, als ob sie ihm etwas zeigen wolle. Sein Unbewusstes weist ihn darauf hin, seine weibliche Seite zu suchen. Das Auftreten der Anima hinterlässt immer eine eigenartige und lang anhaltende Wirkung.

Analog dazu steht ein unbekannter Mann im Traum einer Frau, **Animus** genannt, für ihr inneres Bild des Mannes. Die Figuren können sein: der gute Vater, der weise Mann, die strenge Autorität, der Liebhaber, der Bruder, der Gefährte. Sie stellen die verschiedenen Stufen der innerseelischen Entwicklung der Träumerin dar. Anfangs treten sie oft fremdartig oder zwiespältig auf. Sie können sich jedoch nach und nach in wohlwollende Freunde verwandeln. Wie der Animus ist auch die Anima stark durch den gegengeschlechtlichen Elternteil geprägt und hat eine große Wirkung auf die Partnerwahl.

Tiere

Träume, in denen ein Tier selbst gemeint ist, kommen selten vor und nur, wenn dieses Tier eine ganz wichtige Rolle im Leben des Träumers spielt. Tiere können gelegentlich eine Person aus dem Leben des Träumers verkörpern. Meistens jedoch stellen sie eigene starke Lebensenergien dar. Ein Tiertraum bringt uns mit unserer animalischen Natur in Berührung. Wie weit diese in unser menschliches Leben hineingreift, zeigt die Tatsache, dass während der Schwangerschaft der werdende Mensch in kürzester Form alle Phasen animalischer Existenzformen durchläuft. Das Tier ist zum Symbol für alles Ursprüngliche, Ungezähmte, aber auch Unbegreifliche und Bedrohliche unserer Natur geworden. Weil Tiere ganz sie selbst sind und ihr instinktives Wissen unzensiert und frei leben, verkörpern sie oft unsere ungebremste Kraft, welche durch rationales Wissen und moralische Regeln beschnitten worden ist. Im Traum weisen sie uns den Weg zu unseren Impulsen, unseren spontanen Gefühlen und Intuitionen.

Um die Qualität des Traumtieres zu verstehen, sollte sich der Träumer seine eigene Erfahrung und seine eigene Einstellung zu dem Tier ins Bewusstsein rufen. Ist das Tier im Traum gefährlich, verfolgt es uns, dann können wir davon ausgehen, dass es abgespaltene *böse* Lebensenergien symbolisiert. Das Tier ist hier der archetypische Schatten. Es können Aggressionen sein oder einfach Neugierde und Forschungsdrang, der Drang zum Herumtollen oder die Neugierde auf sexuelle Entdeckungen, der ein Kind beim *Doktor-Spielen* nachgeht. Diese Impulse und Triebe sind als psychische Energie blockiert worden. Ähnlich wie im Märchen das Ungeheuer erlöst werden muss, damit es seine Kraft in den Dienst des Retters stellen kann, so will im Traum das *wilde Tier* erlöst werden. Indem wir es als einen sehr vitalen Teil unserer Persönlichkeit begreifen, können wir es zähmen und seine Kraft nutzen. Es unterstellt sich dann unserem bewussten Willen.

In einer Traumgruppe schildert Irmgard, eine Frau von etwa vierzig Jahren, folgenden Traum, den sie in etwas abgewandelter Form einige Male träumte:

Ein Wildschwein verfolgt mich. Ich renne vor ihm weg. Doch es holt mich immer wieder ein. Es stößt mich nicht um, doch es macht mir Angst. Vor Schreck wache ich immer auf.

In einem Dialog zwischen ihrem Traum-Ich und dem Wildschwein ergibt sich, dass ihr das Tier keine Angst machen will, dass es aber beachtet werden will. Irmgard findet das Tier erst scheußlich und hässlich und ist dann aber sehr erstaunt, als sie nicht wirklich bedroht wird.

Als Wildsau, denn das Tier erweist sich als weiblich, beschreibt sich Irmgard als *stark, mutig, ausdauernd und zupackend*, mit kräftiger brauner Mähne und glänzendem Fell.

Vom äußeren Erscheinungsbild her ist sofort die Verbindung zu Irmgard selbst zu sehen. Sie hat kräftiges dunkelbraunes Haar, das ihr in natürlichen Locken wie eine Mähne um den Kopf steht. Ihre Haut ist dunkel und gut durchblutet. Sie wirkt auf andere durchsetzungsfähig und stark. Sie selbst spürt diese Kraft und Dynamik nicht. Sie findet sich eher schüchtern und angepasst. Der Traum zeigt ihr aber klar, dass sie eine starke Frau ist.

Im Traumspiel nimmt Irmgard schließlich ihre Wildsau als Haustier zu sich. Das Tier ist dankbar und bietet eifrig seine Kraft an. Es findet eine Versöhnung zwischen Irmgard und ihren inneren, bislang verdrängten *wilden* Anteilen statt. Interessant in diesem Zusammenhang ist es, dass die Wildsau ein uraltes Symbol für die weibliche Gottheit aus matriarchalischer Kultur ist.

Im folgenden Traum stellt ein Kamel den Freund einer jungen Frau dar. Zunächst der Traum von Karin:

Ich bin in einer Wüste. Da sehe ich vor mir ein Kamel auf mich zukommen. Es springt über eine Hürde wie auf einer Rennbahn. Ich höre eine Stimme von oben, die zu mir sagt: ›Streichle es!‹ Ich tue es zwar, aber nicht gern. Dann legt sich dieses Kamel ganz schwer auf mich. Es ist bedrückend. Da lässt mich ein angenehmer Duft von Safran nach rechts schauen. Dort liegt ein älteres Kamel, was ich an den vielen Hautfalten erkenne. Von ihm geht der Duft aus. Ich wache dann auf.

Im Traumspiel will Karin das schwere Kamel von sich wegstoßen. Sie traut sich jedoch nicht richtig und denkt: *Ich muss es aushalten.* Zu Safran assoziiert Karin: *gelb, warm, leuchtend wie Licht, wärmend und angenehm.* Von dem älteren Kamel neben ihr geht also etwas Wärmendes und Angenehmes zu ihr über. Sie fühlt sich zwischen der Last auf ihr und dem angenehmen Duft von rechts hin- und hergerissen.

Allmählich erkennt Karin, dass der Traum ihre gegenwärtige Situation mit ihrem Freund, einem viel älteren Mann, widerspiegelt. Dieser Mann will immer wieder Zuwendung von ihr. *Streichle das Tier,* sagt die Stimme von oben und drückt damit ihre Verantwortung aus für den Freund, wie sie in ihrem gewohnten Denksystem glaubt. Sie tut es aber mit zwiespältigen Gefühlen. Sie erkennt, dass ihr Freund seinen Wunsch nicht klar und offen ausspricht, sondern verdeckt unter dem Vorwand ›*Ich will dir helfen‹.* Das bedrückt sie. Im Traum liegt das Tier wie eine Last auf ihr. Das jüngere Kamel ist ein jugendlicher Anteil von ihm, der ein verstecktes Spiel mit ihr treibt, bei dem sie sich nicht wohlfühlt. Das Wärmende und Schützende (symbolisiert durch den Safranduft) entstammt einem anderen, eher väterlichen Anteil ihres Freundes, was sie hinzieht zu ihm, so wie sie sich im Traum zu dem älteren Tier hingezogen fühlt.

Im Traumspiel lasse ich sie so weit von dem Kamel weggehen, bis sie sich gut fühlt. Sie geht bis zur Ecke des Raumes, was zeigt, dass sie viel Freiraum für sich braucht. Es gilt für sie zu lernen, sich dem Freund gegenüber immer besser abzugrenzen, sodass es für beide stimmt. Im weiteren Verlauf ihres Lebens wird Karin sicherlich entdecken, dass sie die Aspekte, die sie in ihrem Freund wahrnimmt, selbst in sich hat und dass sie selbst authentisch und ausgeglichen sein kann.

In den nächsten Beispielen wird demonstriert, wie das aktuelle Handeln auf die Kindheit zurückgeht. Die beiden aufeinanderfolgenden Träume stammen von einer dreißigjährigen Frau, Sylvia, die ein Kind erwartet. Zum Verständnis des Traumes erzählt Sylvia, dass ihr tags zuvor ein Kollege namens Miguel eine Arbeit zuwies, die ihr zu anstrengend war und der sie sich nicht gewachsen fühlte. Er tat das auf eine unfaire Art. Sie ärgerte sich darüber, *rastete aus*, wie sie sagt, und warf Dinge durch die Luft. Danach fühlte sie sich schuldig. Sie möchte angemessene Formen lernen, ihren Ärger auszudrücken.

1. Traum: *Die Auseinandersetzung mit Miguel ist vorbei. Ich bekomme mit, wie zwei Kolleginnen sich über den Vorfall unterhalten: ›Die flippt deswegen aus!‹ Ich will mich mit einer dritten Kollegin unterhalten, um mich etwas zu erleichtern. Die schaut aber nicht von ihrer Arbeit hoch und meint nur: ›Na ja, na ja!‹. Darüber bin ich enttäuscht.*

In diesem Traum ist der aktuelle Konflikt klar zu erkennen. Ich lasse Sylvia in einem Rollenspiel beide Kolleginnen, Anne und Gesine, spielen.

Anne: *Hast du mitgekriegt, wie Sylvia vollkommen ausgerastet ist? Nun ja, Miguel hat ihr was aufs Auge gedrückt. Das war nicht fair. Ich kann sie verstehen.*

Gesine: *Ja, der versucht's auch immer! Aber ich hätte mich anders verhalten. Ich hätte erst einmal nachgedacht, ob mir die neue Arbeit nicht doch behagt. Danach hätte ich ruhiger und sachlicher zu Miguel gesprochen und ihm mitgeteilt, ob ich die Arbeit mache oder nicht.*

Anne: *Ja, ich hätte zwar auch gesagt, dass ich mich ärgere, jedoch nicht so. Miguel hat wirklich nicht schön gehandelt. Aber Sylvias Verhalten war auch nicht okay.*

Gesine: *Vermutlich hätte ich sogar die stressigere Arbeit gewählt, weil sie abwechslungsreicher ist.*

Sylvia weiß, dass diese beiden Frauen für ihre eigenen *erwachsenen* Anteile stehen. Dass sie sich gerne so verhalten hätte, aber nicht konnte. Sie erlebt immer wieder, dass ihre starken Gefühle ihr in gewissen Situationen außer Kontrolle geraten. Auch die dritte Kollegin, Heide, die so sehr auf ihre Arbeit konzentriert ist, stellt eigene Anteile von Sylvia dar. Bei Heide will sich Sylvia aussprechen, um ihre unangenehmen Schuldgefühle loszuwerden. Doch sie findet kein offenes Ohr.

In der Realität will sich Sylvia durch Arbeit von ihren unangenehmen Gefühlen ablenken, was nicht gelingt. Während der erste Traum sich also auf ihren aktuellen Konflikt bezieht, weist der nachfolgende Traum, der gleich nach dem ersten folgte, auf die Wurzeln des Konfliktes hin.

2. Traum: *Ich bin etwa 10–12 Jahre alt und auf dem Bauernhof meiner Tante und meines Onkels. Meine Eltern haben mich dahin gebracht, weil sie verreisen wollen. Ich fühle mich einsam und von ihnen verraten. Ich gehe vom Hof weg. Der Weg geht nach rechts. Ich komme zu einer Wiese, wo Kühe grasen. Rundherum ist ein Elektrozaun. Da sonst kein Weg ist, muss ich über die Wiese. Da kommt eine der Kühe angerannt und macht schreckliche Grimassen, schlägt aus, sodass ich Angst bekomme.*

Monolog **Sylvia**, zehn Jahre alt: *Ich bin zum zweiten Mal hier. Meine Eltern sind verreist. Das erste Mal haben sie mich hergebracht, als ich fünf war. Ich fühle mich von ihnen* *verraten. Die Umgebung gefällt mir nicht sonderlich. Es ist irgendwie gruselig und unheimlich. Da ist niemand. Alle sind weg. Ich denke: Nur weg von hier! Da sonst kein Weg zu sehen ist, und da die Kühe vorn ein Stück von mir entfernt sind, klettere ich erst mal vorsichtig über den Zaun und gehe auf sie zu. Ich muss schließlich durch sie hindurch gehen. Da rast plötzlich eine einzelne Kuh auf mich zu, bis sie dicht vor meinem Gesicht steht. Sie schlägt mit den Hinterbeinen aus, bleckt die Zähne und streckt die Zunge raus. Ich kriege mächtig Angst.*

Dialog Sylvia-Kuh:

Sylvia: *Was willst du von mir?*

Sylvia als **Kuh**: *Ich will dir Angst machen. Du bist so klein und ängstlich.*

Therapeutin: *Wieso willst du ihr Angst machen?*

Kuh: *Ich tobe gern wild rum. Es macht mir einfach Spaß. Besonders wenn Publikum dabei ist. Warum nicht?*

Sylvia: *Das ist gemein. Ich habe solche Angst vor dir.*

Kuh: *Ich will dir doch nicht wehtun. Ich will eigentlich nur etwas spielen. Es ist einfach meine Art, so laut zu sein und zu toben.*

Therapeutin *zu Sylvia: Vielleicht führt sie dich durch die anderen Tiere, da sie dir nicht wehtun will. Frag sie doch mal.*

Kuh: *Ja, ich kann dich geleiten. Ich merke sogar, dass ich es gern tue. Komm also.*

Zunächst erinnert das Verhalten der Kuh Sylvia an ihren Vater. Sie hatte oft Angst vor seiner lauten und tobenden Art. Heute weiß sie, dass der Vater es nicht böse gemeint hat, dass er sich möglicherweise genauso hilflos in bestimmten Situationen fühlte, wie sie heute. Ihr wird klar, dass sie sich vor Miguel fühlte und genauso handelte, wie die Zehnjährige damals vor der Kuh, nämlich wild und unkontrolliert.

Ich frage sie nach der Mutter. Nun, die Mutter war eher leise und still. Sylvia sieht zunächst noch keinen Zusammenhang zu dem Traum. Ich frage sie, wie sich ihre Mutter früher verhielt, wenn Sylvia mal laut und ärgerlich war. Da fällt es ihr ein, dass die Mutter ihr das Lautsein und das Toben vorwarf. Das Kind musste nach und nach zu der Überzeugung gelangen, dass Toben und Lautsein böse seien. Dass sie selbst böse sei, wenn sie tobe und schreie. Also musste das Lebhafte ausgetilgt werden. Sylvia lernte, nur noch *lieb* zu sein.

In der Vorstellung des Kindes Sylvia war Zorn doppelt negativ besetzt. Zum einen verbot es die Mutter, zum anderen erlebte sie den Vater zornig und wütend, was ihr Angst machte. Sie vermied es, überhaupt laut zu sein, mit der Folge, dass sie jeden starken Impuls nicht mehr kontrollieren kann. Bei bestimmten Anlässen bricht die verdrängte Energie wie aus einem Vulkan hervor. Der Wutausbruch steht dann in keinem Verhältnis zum Anlass. In anderen Situationen wiederum hat Sylvia keinen Mut, zu sich selbst und zu ihrer Meinung zu stehen. Sie möchte diesen Konflikt lösen.

In der zweiten Traumarbeit wird die Versöhnung zwischen dem abgespaltenen Kindanteil (verkörpert durch die Kuh) und der ängstlichen Zehnjährigen (Traum-Ich), die Sylvia als erwachsene Frau in bestimmten Situationen immer noch ist, eingeleitet. Aber auch mütterliche, beschützende Anteile fühlt Sylvia in der Rolle der Kuh gegenüber der ängstlichen Kleinen. Im Traumbild der Kuh sind verinnerlichte kindliche, mütterliche und teilweise auch väterliche Anteile von Sylvia vereinigt. In Zukunft wird Sylvia schneller verstehen können, wenn ihre Gefühle aus ihr hervorbrechen. Anstatt sich dann schuldig zu fühlen, kann sie sich selbst Mut zusprechen und einen angemessenen Ausdruck ihrer Gefühle finden. Außerdem kann sie den Menschen, an denen ihr etwas liegt, erklären, warum sie ausrastet. Sie wird dann eher Verständnis finden. Dabei wird sie ruhiger und gelassener.

Zwischen den beiden vorigen Träumen und dem nächsten Tiertraum liegen einige Monate. Sylvia hat ihre Eltern besucht und bei diesem Anlass eine Auseinandersetzung zwischen den Eltern erlebt. Das war für sie schlimm. Im Gegensatz zu ihrer Kindheit konnte sie jetzt aber ihren Eltern sagen, wie sehr sie dieser Streit bedrückte. In der nachfolgenden Nacht träumte sie:

Ich bin in Afrika. Dort sind viele Löwen vor mir auf dem Weg. Ich habe Angst und will nach Hause. Ich brülle die Löwen an und kann dann durch. Nehme eine Abkürzung ins Heimatdorf.

Assoziationen zu **Afrika**: *Etwas Unbekanntes. Es reizt mich. Doch es ist auch etwas Neues, was Angst macht.*

Assoziationen zu **Löwen**: *starke Tiere, etwas Angst einflößend, jagen ihre Beute und fressen sie, sind kaum angreifbar, sind die Herren in ihrem Umfeld.*

Dialog mit dem Anführer, einem männlichen Löwen:

Sylvia: *Hau ab!*

Löwe: *Es ist mein Reich. Ich kenne dich nicht. Ich muss schauen, dass die Meinen in Sicherheit sind.*

Sylvia: *Ich bin auf dem Nachhauseweg. Ich muss und will dahin, und wenn du mich nicht durchlässt, dann brülle ich auch.*

Löwe: *Okay, brülle. Wenn du brüllst, sind wir auf der gleichen Ebene. Dann bist du wie wir.*

Sylvia sieht, dass die Löwen Anteile ihres Vaters darstellen, nämlich die Lautstärke beim Brüllen. Beim Vater bedeutete dies aber eher eine Pseudostärke. Sie dagegen fühlt immer häufiger, dass sie stark ist, um sich anderen und besonders den Eltern gegenüber zu behaupten. Das ist für sie aber eine neue Erfahrung. Der Traum drückt es im Bild der fremden Umgebung in Afrika aus. Die Löwen stellen ihre eigene Energie dar, die sie gerade kennenlernt, und die ihr sehr lange, da verdrängt, Angst machte. Sie hat zwar auch noch Angst vor den Löwen, doch sie weiß sich zu helfen. Sie sagt, was sie will, und brüllt, um durchzukommen. Zwischen den beiden ersten und dem letzteren Traum ist deutlich der Entwicklungsschritt zu erkennen, den Sylvia im Umgang mit ihrer Angst und ihren Aggressionen getan hat.

Der **Löwe** ist auch in Träumen ein königliches Tier von großer Kraft, Wildheit und Würde. Er verbreitet Furcht und Distanz. Er ist ein Hinweis auf große, wilde Energie, auf starke Gefühle und Leidenschaften, die *gebändigt* werden müssen. Er trägt Verantwortung und sorgt für die Seinen.

Ich werde nun auf einige Tiersymbole eingehen, die häufig in Träumen erscheinen.

Das **Pferd** ist feurig, kraftvoll und frei, was auf einen freien Geist und Ungebundenheit hinweist. Gezäumt und unserem Willen unterstellt, lässt es auf Treue und Ergebenheit schließen und bedeutet kontrollierte Triebhaftigkeit. Es ist entscheidend, in welchem Zustand sich das Tier befindet. Im günstigen Falle besteht ein Einvernehmen zwischen Pferd und Mensch. Dann können wir darin eine Verbundenheit von Instinkt und Ich erkennen, ein Bild unserer Ganzheit. Eine Gruppe wilder, auf den Träumer einstürmender Pferde würde dagegen eher auf eine wilde, das heißt vielfältige, aber auch unkontrollierte Natur hinweisen.

Eine junge Frau träumte von *schlafenden Schimmeln*

in einer Kirche. Ihr Unbewusstes signalisierte, dass sehr lebendige Eigenschaften dieses Tieres nur darauf warteten, aufzuwachen, gelebt zu werden. Zu den Schimmeln assoziierte sie Mut, Kraft, Aktivität, Kreativität, und Erotik, Eigenschaften, welche sie kaum kannte, die in ihr brachlagen, weil sie nicht als weiblich galten. Ihre Eltern, die sie sehr religiös (unter dem Einfluss der Kirche) und bigott erzogen hatten, hielten nicht viel von einer mutigen, aktiven und kreativen Frau. Sie selbst erlebte sich in den Jahren, als sie diesen Traum hatte, eher als *schlafend* dem Leben gegenüber. Ihr Beruf war ihr zur Routine geworden. Sie empfand keinen Spaß und konnte sich auf nichts mehr so recht freuen. Ihr fehlten Ideen und Anregungen für Neues.

Ähnlich wie dem Pferd werden dem **Hund** Eigenschaften wie Treue, Ergebenheit und Klugheit zugeordnet, ebenso wie Aggression. Er ist Begleiter und Freund seines Herrn. In ihm begegnen wir dem Animalischen in uns freundlich. Der Träumer ist in einer guten Beziehung zu seinen unbewussten Kräften. Er kann sich auf seine Instinkte verlassen. Wenn der Hund im Traum aber gequält oder vernachlässigt wird oder uns gar bedroht, dann haben wir uns unsere eigenen animalischen Kräfte zu Feinden gemacht. Sind wir im Einklang mit unseren instinktiven Anteilen, dann gehorcht uns der Hund im Traum.

Die Unabhängigkeit von äußeren und inneren Zwängen wird auch durch die **Katze** symbolisiert. Sie ist ein Tier mit einem weichen Fell, mit samtenen Pfoten, das jäh die Krallen zeigt. In einem Augenblick lässt sie sich streicheln und knurrt behaglich, im nächsten springt sie fauchend auf. Die Katze ist unabhängig und anhänglich zugleich. In den Träumen vieler Frauen verkörpert sie die Mütterlichkeit, die Freude am Spiel und besonders den unabhängigen weiblichen Geist. Sie steht auch für weibliche Sexualität. Auf vielfältige Weise setzen sich Frauen in Träumen mit ihrer Katzennatur, einem Aspekt ihrer Persönlichkeit, auseinander. Ist die Katze im Traum vernachlässigt oder krank und verletzt, dann schließt das auf innere Verletzungen hin, die geheilt werden wollen. Sie dürfen auf keinen Fall Ihre Katze im Traum töten oder verletzen, wenn Sie von ihr angegriffen werden. Da die Katze, wie die Eule, in der Nacht sehen kann, ist sie auch ein Symbol für die Weisheit des Unbewussten.

Die **Schlange** ist ein häufiges Traumsymbol. Sie kann mehrere Bedeutungen haben. Erleben Sie im Traum die Schlange als giftig und schleimig und ekeln sich davor, dann könnte es zunächst einmal heißen, dass Sie einen Menschen in Ihrer Umgebung zur Zeit des Traumes als *giftig* (falsch) oder *schleimig* (kriecherisch) erleben. Es kann weiter bedeuten, dass Ihre Psyche sich selbst in einem bestimmten Zusammenhang so sieht. Mit ihrem am Boden sich windenden Körper, ihren immer offenen Augen und dem Gift steht sie für die kalten, unpersönlichen Kräfte der Natur und der Erdgebundenheit unseres Wesens. Da sie auf einer primitiven Stufe als Tier steht, verkörpert sie auch elementare Aggressionen.

Ein wesentlicher Aspekt des Symbols Schlange ist die Transformation, welche durch die Häutung der Schlange zu verstehen ist. Ein Schlangentraum kann also eine Veränderung im Leben und in der persönlichen Entwicklung des Träumers ankündigen. Zu früheren Zeiten wurde die Schlange außerdem als Symbol für Klugheit, Weisheit und Heilkraft verehrt. Das sehen wir heute noch im Symbol für die Heilkunde, bei dem sich eine Schlange um den Äskulap-stab (Heiler in der griechischen Mythologie) windet. Sie symbolisiert aus dieser Sicht tiefes unbewusstes Wissen und heilende Kräfte, ein Bild für innere Selbst-regulation.

Das Auftreten einer Schlange ist immer bedeutsam. Wimmeln viele Schlangen durcheinander, kann das auf ein Durcheinander von großen seelischen Kräften hin-weisen, die Unruhe schaffen und Ordnung brauchen.

In Träumen von Frauen hat die Schlange oft die Bedeutung von Sexualität und Erotik. Die Träumerin kann auf tagesbewusster Ebene keinen Zusammen-hang zwischen dem Symbol und ihrer eigenen Sexua-lität und Erotik herstellen. Ganz allmählich und meist in Trance erkennt sie einen Zusammenhang.

Aufgrund meiner Beschäftigung mit den vielfäl-tigsten Schlangenträumen von Frauen habe ich zwei Gründe für das tief reichende Vergessen der ursprüng-lichen Bedeutung des Symbols Schlange gefunden. Ein Grund hängt damit zusammen, dass einerseits viele Menschen das Thema Sexualität schon längst ohne Scheu behandeln. Die Medien tragen dazu bei, durch die Darstellung vielfältiger sexueller Varianten das Tabu aufzuheben. Auf rationaler Ebene können viele Menschen auch darüber reden. Andererseits sind Men-schen, so fällt mir bei meiner Arbeit auf, jedoch häufig auf einer tieferen Ebene und in ihrem Gefühlsbereich gehemmt. Es sind sexuelle Blockaden vorhanden. Das freie und lockere Reden über die eigene Sexualität kann somit sogar ein Zeichen dafür sein, dass die Distanz zum eigenen Gefühl groß ist. Es zeigt sich hier eine Spaltung zwischen dem Verstand und dem Gefühl. Das wiederum weist darauf hin, dass unsere Sexualität uns zutiefst berührt und verletzlich macht. Dass wir uns gerade nicht offen und ohne Scheu darin zeigen können. Ja, dass es vielen Menschen sogar schwerfällt, sich dem eigenen Liebespartner anzuvertrauen.

Ich brauche nicht zu erwähnen, dass die Konflikte um die Sexualität eine Folge jahrhundertelanger kultureller und christlicher Einflüsse sind. Hier ist auch der weitere Grund zu finden, warum die ursprüngliche Bedeutung der weiblichen Sexualität im Symbol Schlange so tief im Unbewussten vergraben liegt.

Dass so viele Menschen unserer heutigen Kultur Schlangen als abscheulich und beängstigend erleben, lässt sich meines Erachtens nicht nur mit der Furcht vor einem Biss eines giftigen Tieres erklären. In matriarchalischer Zeit, als die Menschen weibliche Gottheiten verehrten, trat die Schlange häufig als Attribut der Göttin auf. Sie wurde verehrt. Mit der Verbreitung des patriarchalischen Gottesbegriffes wurde das Symbol Schlange als Attribut der Göttin, die es auszumerzen galt, mehr und mehr zum Inbegriff des Bösen und Falschen. Der dunkle Aspekt der weiblichen Gottheit und damit die Frau schlechthin wurde zum Inbegriff des Bösen.

Im Text der Genesis über die Erschaffung des Menschen und die Vertreibung aus dem Paradies spiegelt sich die veränderte Bedeutung der Schlangen wider. In vielen Darstellungen der Madonna zertritt Maria einer Schlange den Kopf. Aus Sicht der christlichen Kirche erfolgte mehr und mehr eine Spaltung der Frau in Eva und Maria, Hure und Heilige, Schlange und Madonna. Auch die beiden anderen großen monotheistischen Religionen, das Judentum und der Islam, sind geprägt durch die gebrochene Sichtweise der Frau. Diese Spaltung haben Menschen, Frauen und Männer, verinnerlicht. Natürlich wird verbal erklärt, dass keine Spaltung zwischen Männern und Frauen vorliege und die Frauen nicht benachteiligt oder gar abgewertet würden, doch die Wirklichkeit sieht leider immer noch anders aus.

Viele Frauen unterdrückten ihren vitalen weiblichen Anteil und tun es unbewusst immer noch. Sie fühlen sich ganz in Ordnung als Mensch und/oder auch als gute Mütter. Aber das Weib in ihnen lebt nicht. Manche Frauen lehnen diesen Aspekt ihrer Natur ab. Sie möchten nicht *so* sein. Andere Frauen wiederum träumen davon, eine femme fatale zu sein, welche mühelos die Männer bezirzt, und können nicht reife Weiblichkeit in sich entwickeln. So tief geht die Blockade.

Auch manche Männer haben ein gespaltenes Bild der Frau in sich und leben es in ihren Beziehungen zu Frauen aus. Sie verehren und lieben eine Frau und genießen Sex bei einer anderen Frau, welche sie nicht lieben und insgeheim sogar abwerten oder verachten.

Der vitale, Genuss bereitende Aspekt der Sexualität wird also auf einer unbewussten Schicht der weiblichen Psyche durch die Schlange verbildlicht. Lebt eine Frau diese Seite ihres Wesens nicht ganz aus, so kann sich das über einen Schlangentraum ausdrücken.

Mara träumte Folgendes:

Ich mache meinen Kühlschrank auf und finde darin meine Katze, die voller Raureif ist. Sie lebt zwar noch, ist aber schon fast steif und erfroren. Ich bin zutiefst erschrocken. Dann kommt eine Schlange und will in den Kühlschrank hinein. Ich schlage schnell die Tür zu, wobei ich ihr fast den Kopf durchgetrennt hätte.

Mara erkennt während der Beschäftigung mit ihrem Traum, dass die Schlange ebenso wie die Katze ihre Sinnlichkeit verkörpert. Sie lässt diesen Anteil *(Katze)* fast erfrieren und in sich sterben *(Schlange)*. Nun will sie das natürlich nicht. Sie meint dazu, dass ihr Alltag ihr keine Zeit lasse, ihre Bedürfnisse nach Zärtlichkeit, Erotik und Sex zu befriedigen. Der Beruf nehme sie voll in Anspruch, obwohl sie keine Freude bei ihrer Arbeit hätte. Sie sähe keine Möglichkeit, Spaß zu erleben. In der knappen Freizeit fühle sie sich müde und kraftlos.

Sie nahm nur diese vordergründige Lage zur Kenntnis. Die tiefer gehende Blockade jedoch sah sie nicht. Sie hatte sich irgendwie vom Leben zurückgezogen und resigniert. Erst die beiden Tierträume wiesen auf diesen Konflikt hin, den Mara, als sie ihn erst einmal in seiner ganzen Tragweite begriffen hatte, durch die Aufnahme einer Psychotherapie zu lösen begann.

Ähnlich wie im Motiv des Fliegens drückt das Symbol **Vogel** unseren Wunsch nach psychischer und geistiger Beweglichkeit und Freiheit aus. Vögel stellen autonome Gedanken, kreative und spielerische Erfahrungen dar. Sie können als Boten von Neubeginn und innerer Entwicklung angesehen werden.

Im Traum von Annette verkörpern sie ihr großes Bedürfnis nach Befreiung aus einer schwierigen Lebenssituation, in welcher sie sich als Kind gefangen sah. Im Traum sah sie *über sich am Himmel viele schwarz-weiße Vögel kreisen.*

Im Traumspiel als Vogel sagt sie: ›*Ich fliege hier frei herum, keiner greift nach mir. Es ist so angenehm hier oben. Nichts von da unten kann mich hier erreichen.*‹

Peter träumt:

Ich bin in meinem Wohnzimmer. Da kommt durch die offene Tür eine Elster hereingeflogen.

Ich habe Mühe, sie wieder hinauszujagen.

Zu Elster assoziiert er: diebische *Elster, aggressiv, nicht sehr beliebt, ein eleganter Vogel.* Er sieht in der Elster seine Frau. Die beiden haben sich vor Kurzem getrennt. Er bewohnt das bisher gemeinsame Haus. Seine Frau kommt hin und wieder, um Gegenstände abzuholen, worüber sich beide vorher geeinigt haben. Als er dann weiter über den Traum spricht, meint er, dass seine Furcht ausgedrückt wird, seine Frau könne ihm nach und nach die Wohnung ausräumen. Nun stellt sich die Frage, warum sein Unbewusstes gerade einen Vogel gewählt hat. Aus früheren Gesprächen mit ihm weiß ich, dass Peter den Adler als sein Wunschtier ansieht, was für ihn Freiheit bedeutet. Also hat er offensichtlich den Wunsch nach Freiheit und Ungebundenheit.

Somit wäre es sicherlich spannend gewesen, von der objektiven Ebene, in der die Elster seine Frau verkörpert, auf die subjektive Ebene zu gehen, auf der der Vogel eigene Anteile symbolisiert. Doch so weit wollte Peter in der Traumarbeit leider nicht gehen. Er gibt Macht an seine Frau ab, indem er Angst vor ihrem Vorgehen hat und nicht für sich eintritt. Er gibt gewissermaßen einen Teil der Verantwortung für sein Leben an seine Frau ab. Ich hoffte für ihn, dass er über Träume weitere Hinweise für seine eigene Entwicklung bekommen würde.

Insekten wie **Mücken** und **Wespen** kommen gelegentlich in Träumen vor. Ähnlich wie in der Realität sind auch im Traum diese Tiere lästig bis bedrohlich. Sie reißen uns aus unserer Ruhe, stören uns beim Genuss von Speisen oder fügen uns sogar stechende Schmerzen zu.

Auf Traumebene können sie so viel wie lästige bis zwanghafte Gedanken und Selbstzweifel bedeuten. Träume dieser Art sollten dazu anregen, die Gedankeninhalte auf negative Muster hin zu überprüfen. Im Laufe eines Tages sagen wir uns oder anderen oft gewohnheitsmäßig Dinge, welche negativ sind und regelrecht wie Autosuggestionen wirken. Das ist eine schlechte Angewohnheit, die uns wirklich nicht nützlich ist.

Die **Spinne** wird von den meisten Menschen sehr zwiespältig beurteilt. Einerseits bewundern sie ihr kunstvolles Netzgewebe, zum anderen stößt sie ihr tückisches Greifen nach der Beute ab. Ihr fein gesponnenes Netz kann ein Bild für Zentrierung der psychischen Kräfte sein. Das Lauernde weist auf eine unbewusste Energie hin, die integriert sein will.

In manchen Träumen kann die Spinne für ein widersprüchliches Mutterbild stehen. Hier spielen die Biographie und die aktuelle Situation eine entscheidende Rolle. Ein solcher Traum muss sehr behutsam angegangen werden, weil ein zentraler psychischer Konflikt zugrunde liegen kann.

Tierträume kommen häufig vor. Sie stehen für andere, uns nahestehende Personen oder/und für eigene Anteile. Von daher sollten Sie auch immer diese beiden Aspekte berücksichtigen. Sodann beschäftigen Sie sich mit den Eigenschaften, die Ihnen zu dem jeweiligen Tier einfallen. Sehr oft, jedoch nicht immer, sind es die Eigenschaften, die allgemein mit dem Tier assoziiert werden. Ihr ganz individueller Erfahrungshintergrund ist aber letztendlich entscheidend.

Ein Traumspiel, in dem sich Träumer/-in und Tier gegenüberstehen und auf einen Dialog einlassen, ist immer sehr hilfreich. Ist das Traumtier dabei wild und Furcht einflößend, empfiehlt es sich, das *Spiel* unter Anleitung zu machen, weil die Angst vor der Gegenüberstellung anfänglich so stark ist, dass eine schützende Begleitung einfach günstiger ist.

Wasser

Wasser hat eine existenzielle Bedeutung in unserem Leben: Alles Leben auf der Erde hat seinen Ursprung im Wasser. Auch der einzelne Mensch wächst im Fruchtwasser heran. Unser Körper besteht überwiegend aus Wasser. Wir können relativ lange ohne Nahrung auskommen, doch nicht ohne Wasser. In der Bedeutung von *Leben spenden* und *Leben erhalten* kommt Wasser im Traum in den verschiedensten Formen vor und steht für unsere Lebensenergie im weitesten Sinne. Wie das Wasser aus dem Dunkel, entsteigen unsere Energien aus dem Dunkel des Unbewussten. Wasser ist von daher auch ein Symbol für das Unbewusste. Gestaltlos und fließend steht es für die Dynamik unserer Seele und für unsere *fließenden* Gefühle.

Im Traum kann Wasser in vielfältigen Formen auftreten: als ruhig dahinfließender **Bach** oder **Fluss**, der uns trägt, in dem wir gelassen und friedlich dahintreiben. In einem solchen Traum herrscht meistens ein gutes und beruhigendes Gefühl vor. Wir fühlen uns sicher getragen im *Fluss unseres Lebens*. Wir spüren die Energien aus der Tiefe unseres Wesens in uns fließen.

Ein solcher Traum gibt unser aktuelles Lebensgefühl wieder oder leitet eine neue positive Phase ein. Manchmal taucht ein solcher Traum zur Zeit einer Krise auf. Dann gibt er uns Kraft, um die schwierige Zeit durchzustehen.

Es gibt aber auch Träume, in denen der Fluss unruhig oder gar reißend ist. Der Träumer braucht all seine Kraft, um nicht unterzugehen. Er wird auf eine Schwierigkeit im weitesten Sinne hingewiesen. Es kann eine konkrete Krise im Wachleben, aber auch eine Krise im inneren Leben des Träumers bedeuten.

Erfreulich sind Träume, in denen eine **Quelle** oder ein **Wasserfall** uns Stärkung und Erfrischung bieten. In einem klaren Brunnen oder in einem Becken mit ruhigem und warmem Wasser können wir baden oder uns reinigen. Das Hinabsteigen in einen Brunnen symbolisiert im Traum wie im Märchen häufig die Verbindung und das Eintauchen in das Wasser des Unbewussten und führt zu tiefer Erkenntnis. Es kann Heilung und Verjüngung *(Jungbrunnen)* herbeiführen.

Wasser taucht aber auch auf als trüber **Tümpel** oder **Teich**, in dem wir waten oder zu versinken drohen. Schlamm, Sand oder Schlingpflanzen umgeben uns von der Tiefe her. Wir fühlen uns in Gefahr und wachen oft von Angst geplagt auf.

Ein solcher Alptraum weist auf verdrängte Inhalte des Unbewussten hin, die trübe, ungeklärt sind. Er erscheint häufig in Zeiten seelischer Stagnation und fordert auf, den Schlamm unserer dunklen unbewussten Gedanken aufzuwirbeln und zum Grund unserer Ängste oder unserer Unzufriedenheit hinabzusteigen.

Das **Meer** in seiner unergründlichen Tiefe und seiner endlosen Weite ist ein Symbol für das Unbewusste schlechthin und insbesondere für das kollektive Unbewusste.

Positiv erlebt werden Träume, in denen wir zu **neuen Ufern**, zu einem anderen Land oder Kontinent *(seelisches Neuland)* aufbrechen oder bereits unterwegs sind. Es kann aber auch gefährliche Situationen geben, etwa dass uns eine zerstörerische **Flutwelle** oder eine Überschwemmung bedrohen. Es löst Angst und Panik aus, von unbewussten Energien überflutet zu werden.

Eine Serie von beunruhigenden Wasserträumen bewirkte bei Sabine, dass sie eine Psychotherapie begann. Im ersten Traum *sitzt sie in ihrem Auto, das auf einem breiten Strand an der See steht. Das Meer liegt hinter ihr. Plötzlich und unerwartet türmt sich eine haushohe Flutwelle auf und überflutet sie und das Auto. Sie klammert sich ganz fest ans Lenkrad und hört das Prasseln und Toben des Wassers. Es wird ganz dunkel. Sie stellt sich auf ihren Tod ein. Nach einer für sie endlosen Zeit ist es wieder ganz ruhig. Sie wundert sich, dass sie und das Auto unversehrt sind. Ja, das Auto ist noch nicht einmal herumgewirbelt worden.*

Der zweite Traum lautet: *Ich stehe oben auf einem Felsen am Rand des Meeres. Unten sehe ich eine Bucht, wo ich Dinge von mir liegen gelassen habe. Es sind Schallplatten und Comic-Zeichnungen. Es ist aber eine Sturmflut im Gange. Das Wasser greift immer wieder auf den Strand über und schlägt hohe Wellen. Die Dinge unten sind für mich aber so wichtig, dass ich versuche hinunterzugehen, obwohl die Gefahr groß ist. Ich steige also hinunter. Als ich unten anlange, stelle ich fest, dass die Wellen zurückgegangen sind. Das Wasser ist ruhiger geworden.*

Im nächsten Traum *gibt es einen orkanartigen Sturm, der das Meer zu haushohen Wellen aufpeitscht, sodass die Tassen in der Küche, wo sie sich aufhält, herumfliegen.* Das Ganze dauert nur wenige Minuten.

Dann wieder *ist sie mit ihrem Vater am Meeresrand. Der Vater meint, dass es mal wieder eine Sturmflut geben könnte. Er zieht vorsorglich die Stecker aller Haushaltsgeräte heraus, damit kein Schaden entsteht.*

Vergleicht man die Träume miteinander, kann man allein in den Bildern eine Entwicklung feststellen. Im ersten Traum wird Sabine von der Sturmflut überrascht. Aber sie überlebt, und das ohne Schaden. Sie hält das Lenkrad ihres Autos fest, ein Bild dafür, dass sie selbst genügend Ich-Stärke besitzt, um den unbekannten Inhalten ihres Unbewussten zu begegnen.

Im zweiten Traum legt sich der Sturm, sodass sie ihre Sachen retten kann. Sie kann die Dinge, die ihr wichtig sind, aus der Tiefe des Unbewussten holen. Die Schallplatten und Comic-Zeichnungen deutet sie als Freude an Musik und Kunst, die sie jedoch nicht nur passiv – wie bisher – genießen solle, sondern selbst aktiv gestalten könne.

Im nächsten Traum hilft ihr der Vater, für den Fall einer Sturmflut vorzusorgen. Den Vater sieht sie als ihren Animus, einen männlichen fürsorglichen Anteil. Sie hat einen ganz praktisch denkenden rationalen Anteil, mit dem sie gut organisieren und planen kann. Damit kann sie besser beurteilen, wie weit und wie lange sie sich auf unbewusste Inhalte einlassen will, ohne sich überfordert zu fühlen. Die Traumkraft bedient sich dazu der Küche, Ort der Versorgung, hier der *seelischen* Versorgung, in der sie *haushalten* (bestimmen) will.

Die **Sturmfluten** des Meeres stehen für starke Überflutungen aus dem kollektiven Unbewussten und könnten zu einer existenziellen Bedrohung werden. Es handelt sich dabei um ganz starke Gefühlsströme aus dem Urgrund unseres Wesens, denen wir uns manchmal hilflos gegenüber fühlen. Es war ein Trost für Sabine, dass sie sich in der Bewältigung dieser archaischen Gefühle wie Angst vor dem Tod, Angst vor Isolation und vor Vernichtung nicht allein fühlte. Sie wusste, dass viele Menschen diese Entwicklung durchlaufen müssen und sich dabei hilflos wie ein kleines Kind vorkommen.

Möglicherweise erfährt der Einzelne nochmals dieselben archaischen Emotionen, die auch unsere menschlichen und vielleicht animalischen Vorfahren erlebten. Dies dachte sie, als ihr der folgende Traum deutlich wurde:

Ich helfe einem ganz kleinen Kind auf seinem Weg. Am Berg geht es auf allen vieren. Zwischendrin stütze ich es. Wir sind eine große Schar von Menschen, die vorwärts gehen. Wir müssen auch noch runter ans Meer.

Dieser Traum enthält den **Gang nach oben** (den Berg hinauf) und den **Gang nach unten** (zum Meer). Er symbolisiert den Weg nach unten zum Ursprung, zum Unbewussten, um von dort etwas zu holen und nach oben ins Bewusstsein zu bringen. Das kleine Kind erkannte sie als ihr eigenes *inneres Kind*. Sie wusste inzwischen, dass in jedem Traum ihre psychische Entwicklung gemeint war. Diese Entwicklung verlief nicht immer geradlinig, sondern verlangte auch gelegentlich ein Zurückgehen bis zu den Ursprüngen *(auf allen vieren wie ein Tier kriechen)*.

Weil dieser Traum, wenn auch in groben Zügen, den Verlauf ihres Lebens zeichnete, rechnete ihn Sabine zu den großen Träumen, die den Weg zur Bewusstheit vorgeben, oder, wie C. G. Jung es nennt, den Weg der Individuation.

Im Verlauf der Therapie träumte Sabine gelegentlich von *Wasser, das durch Ritzen in ihre Wohnung gelangt oder den Boden ihrer Küche überschwemmt. Es waren kleinere Wassereinbrüche.* Sie erkannte selbst schon, dass es sich um Themen aus ihrer individuellen Biographie handelte, die aus dem persönlichen Unbewussten kamen und nicht mehr die existenzielle Dimension hatten wie die vorherigen.

Es gab auch Zeiten während ihrer Therapie, in denen Sabine Träume hatte, die sie auf erstarrte Gefühle oder eingefrorene Lebensenergien hinwiesen, was durch gefrorenes Wasser wie **Schnee** oder **Eis** verbildlicht wird. Als Beispiel der folgende Traum:

Ich gehe eine Straße entlang, die zu einer Stadt führt. Ganz in der Ferne sehe ich die Stadt und Menschen. Dann

merke ich, dass es einen Schneesturm gibt und die Straße
ganz schnell mit Schnee bedeckt ist. Ich muss nun bis zum
Unterleib in Schnee oder Schneewasser waten.

Durch den Traum erkannte sie ihre momentane Isolation, was durch das Bild unterstrichen wird, dass sie allein auf dem Weg zur Stadt *(Gemeinschaft mit anderen)* ist. Sie lernte ihre Bedürfnisse nach Nähe und guten Kontakten zu anderen Menschen anzunehmen, was sie lange mit rationalen Begründungen heruntergespielt hatte. Sie sagte sich, dass sie ohne die anderen auskommen könne. Das führte aber zur Erstarrung ihrer weichen Gefühle. Auch ihre erotischen und sexuellen Bedürfnisse *(Unterleib)* wurden ihr immer bewusster.

Ein anderes Mal wählte ihre Traumkraft für die lang angestauten erstarrten Gefühle das Bild eines **gefrorenen Stausees**.

Zwischendrin träumte sie, *dass sie in einem breiten Fluss schwimmt, dessen Wasser ganz klar und ruhig ist. Die Wasseroberfläche ist spiegelglatt. Das Schwimmen macht Spaß. Sie erholt sich und fühlt sich kräftig und ausgeglichen.* Erfrischend erlebte sie auch den folgenden Traum: *Ich bin mit zwei Freundinnen auf einer Wanderung. Unterwegs kommen wir zu einer Kneipe, wo lauwarmes Wasser bis zur Taille im ganzen Raum ist. Wir baden darin und erholen uns erst einmal.*

Feuer

Ebenso wie Wasser tritt Feuer als vieldeutiges Symbol in Träumen auf. Es gehört zu den wichtigsten Traumbildern überhaupt, weil es für die Menschheit und die Zivilisation von grundlegender Bedeutung war. Feuer ist eine Licht- und Wärmequelle. Es verwandelt die Nahrung, sodass sie genießbar wird. Es ist flammende

Lebensenergie und besitzt eine elementare Wandlungskraft. Die positive, lebenserhaltende Bedeutung des Feuers äußert sich im Bild der Lebensflamme. Feuer zerstört und verwandelt und ist somit eine Metapher für Transformation, wie sie auch im Bild des *aus der Asche entstandenen Phönix* zum Ausdruck kommt. Auf dem Lebensweg muss der Mensch gelegentlich alte Werte und liebgewordene Gewohnheiten hinter sich lassen, um Neuem begegnen zu können. Das Feuer soll alles verbrennen, was unnütz geworden ist.

Auch eine Beziehung zu einem Menschen, den wir einmal geliebt haben, kann zu Ende gehen. Nicht jeder aber kann problemlos und leichten Herzens eine langjährige Verbindung lösen, selbst wenn keine Liebe mehr vorhanden ist.

Hilda, eine vierzigjährige Frau, überlegte schon seit Längerem, sich von ihrem Mann zu trennen. Sie fühlte sich erstarrt und einsam. Trotz mehrfacher gemeinsamer Versuche, wieder zueinander zu finden, gelang es den beiden nicht, einen guten warmen Kontakt herzustellen. Ihr Mann wollte sich jedoch nicht trennen. So lag die Entscheidung allein bei ihr. Da sie schon seit Beginn der Ehe nicht mehr berufstätig war, fürchtete sie sich vor den Schwierigkeiten eines beruflichen Neuanfanges. Noch größer war aber ihre Angst vor dem Alleinsein. Sie hatte sehr jung geheiratet und nie allein gelebt. Zwar reizte sie die Freiheit, unabhängig von anderen ihre Zeit einteilen zu können, doch ihre Angst war größer. In dieser Zeit der Unentschlossenheit hatte sie folgenden Traum:

Ich bin in einer riesengroßen weiten Wohnung, sehr geschmackvoll mit schönen Möbeln eingerichtet. In diese Wohnung münden Straßen. Ich gehe mit einem Bekannten hinaus. Wir gelangen an den Fluss, der durch unsere Stadt fließt, und stehen dann vor der Alten Brücke. Diese ist aus dicken Steinquadern gebaut. Wir sehen, dass an der Brücke gebaut wird. Ein großer Lastwagen fährt an die Baustelle heran und rammt dabei einen Brückenpfeiler. Risse entstehen, die zusehends breiter werden. Die Decke reißt, Sand und Geröll rieseln herunter. Qualm steigt auf. Wir steigen in die oberste Etage eines Hauses und sehen von dort oben auf die Unglücksstelle herab. Es brennt bereits. In wenigen Sekunden dringen die Rauchwolken bis zu uns herein.

Die riesengroße Wohnung sah Hilda als Bild für die eheliche Beziehung: überdimensional und nicht gemütlich. Sie fühlt sich darin nicht wohl, trotz der geschmackvollen Möbel. Da Straßen darin münden, ist *keine Intimität* möglich. *Riesig* in der Traumsprache kann heißen *unnatürlich* und *übertrieben*, nicht authentisch. In der Tat führten sie und ihr Mann die Ehe nur noch zum Schein nach außen hin. Die Straßen laden zum *Weggehen* ein, was sie tut.

Den Bekannten sieht Hilda als einen eigenen männlichen (Animus) Anteil, der sie begleitet und den sie auch braucht für ihren Weg. Die Alte Brücke symbolisiert für sie die alte Beziehung zu ihrem Mann. Immer wieder im Laufe der letzten Jahre versuchte sie, eine Brücke zu ihm zu schlagen. Diese Brücke wird beschädigt, fängt zu brennen an und wird schließlich zerstört. Die **Brücke** als einen Ort des Überganges deutete sie als ein Bild für ihre gegenwärtige Lebenssituation, welche auch eine *Übergangssituation* war. Ihre Psyche ließ die Brücke verbrennen. Das war für sie ein Hinweis für die Trennung.

Dass sie vom obersten Stockwerk eines Hauses aus dem Brand zuschaut, verstand sie so, dass sie sich noch etwas Zeit gönnen solle, bis sie genügend Kraft verspüre. Schließlich wollte sie nicht nur mit dem Verstand *(oben am Haus)*, sondern ganzheitlich handeln.

Als sie die Traumbotschaft verstand (die eheliche

Brücke ist zerstört), begann sie eine Psychotherapie, um ihre Schwierigkeiten im Zusammenhang mit der Trennung, vor allem ihre Angst vor dem Alleinsein, besser lösen zu können.

Ihr Traum ist an dieser Stelle nicht in allen Einzelheiten gedeutet. Er steht hier als Beispiel für Feuer, das Überholtes zerstört, damit das Leben weitergehen kann.

Ein zerstörender Brand, der im Dach des Hauses entsteht (Brand im Kopfe), sollte als Warntraum für sich abzeichnende geistige Konflikte angesehen werden.

Feuer kann auch als Ausdruck von starken Gefühlen und verzehrenden Leidenschaften und deren belebender, zerstörender oder verwandelnder Kraft verstanden werden. Manche Menschen halten diese starken Gefühle unbewusst so stark unter Kontrolle, dass sie eisig und distanziert wirken. Das drückt sich in Traumbildern von Eis und Schnee aus. Bei starken emotionalen Erschütterungen erstarren diese Menschen erst einmal, frieren ein. Durch Feuerträume kann die innere Kälte gleichsam langsam schmelzen. Das Feuer erwärmt und belebt.

Luft, Wind

Diese Metaphern stellen das *geistig-seelische* Prinzip dar. Wegen seiner Flüchtigkeit und der häufigen Richtungswechsel gilt der **Wind** als Symbol für die Unbeständigkeit und die Leichtigkeit des Seins. Es kann ein *frischer Wind* im Traum wehen, was auf neue Ideen und Werte hinweist. Oder ein **Sturm** kündigt sich an, wobei alte Werte, Gewohnheiten, Eigenschaften oder Gefühle stark durchgerüttelt werden, meistens aber zusammenbrechen. Sturmträume, ähnlich wie Träume mit Feuersbrünsten oder Überschwemmungen kündigen die Zerstörung von alten Werten oder das Ende einer bestimmten Lebensphase an.

Sabine, deren Wasserträume an anderer Stelle erwähnt sind, hatte in der ersten Zeit ihrer Therapie einen sehr beeindruckenden Sturmtraum:

Zum Verständnis soll vorausgeschickt werden, dass Sabine bis zu ihrer Heirat noch bei den Eltern wohnte. Sie hatte einige Versuche gestartet, sich ein eigenes Zimmer am Ort des Studiums zu nehmen, doch die Mutter hatte es immer wieder zu verhindern verstanden. Sabine hatte schweren Herzens nachgegeben, der Mutter zuliebe. Das Elternhaus kam ihr zwar wie ein Gefängnis vor, bot ihr aber auch Sicherheit, die ihr innerlich noch fehlte. Im ersten Traum dieser Art befindet sie sich mit ihrer Mutter in der ersten Wohnung nach ihrer Heirat. Es ist eine Wohnung in einem Hochhaus im Landesinnern, weitab vom Meer. Sie erzählt:

Ich bin mit Mutter in meiner Wohnung, die in einem Hochhaus liegt. Ich schaue aus dem Fenster und denke: Wenn es nur keinen Sturm gibt! Ich habe den Gedanken noch nicht ganz zu Ende gedacht, als ein Orkan ausbricht. Das hohe Gebäude fängt zu zittern an und wird in einem einzigen Ruck umgeworfen. Wir bleiben unverletzt. Auch die Einrichtung ist nicht zerstört, sondern nur durcheinandergewirbelt. Ich verspüre keine Angst, sondern bin nur erstaunt.

Sabine verstand den Traum so, dass sie die Beziehung zu ihrer Mutter überprüfen sollte. Das überraschte sie, denn auf Tagesebene verstand sie sich gut mit ihrer leiblichen Mutter. Der Traum meinte, wie sie selbst herausfand, die Beziehung zu ihrer *inneren* Mutter. Ihre Einschränkungen im Leben und ihr mangelndes Selbstwertgefühl hingen eng mit den Eigenschaften zusammen, die sie mit ihrer Mutter in Verbindung brachte. Die wichtigste Einstellung war die: nicht das eigene Leben führen, sondern auf andere Menschen eingehen. Das war auch zugleich die subtilste, weil sie nichts anderes kannte. Sie musste erst einmal das Muster erkennen, sozusagen auf Traumebene, bevor sie es *umwerfen* konnte.

Auf ihrem weiteren Weg begleiteten sie Träume, die die Schwierigkeiten des inneren Prozesses spiegelten:

*Ich bin mit Freunden auf einer kahlen **Lavainsel**. Das kann ich an der schwarzen Erde erkennen. Es ist ein schrecklicher Sturm. Die Wellen gehen hoch. Ich werde durch den Wind hin- und hergeschoben. Ich habe keinen Halt auf dem Boden und will mich deshalb eingraben.*

Die Insel ist ein Symbol für die eigene Mitte oder den Wesenskern der Persönlichkeit. Es ist eine Lavainsel, das heißt: Ihr Ursprung und ihre Entstehung sind erkennbar. Sie ist noch nicht bewachsen. Das organische Leben ist im Werden. Auch Sabine fühlte sich in dieser Zeit innerlich unfertig. Sie suchte festen Boden unter ihren Füßen. Sie erlebte innere Stürme, denn die alten Vorstellungen und Werte ließen sich nicht so leicht durch neue ersetzen.

Erde

Der Weg der inneren Entwicklung wird symbolisch durch eine lange Wanderung ausgedrückt. Auf dieser Wanderung kommt der Mensch in die verschiedensten Landschaften. Im Traum stellen sich diese in ihrer ursprünglichen Form dar als Berg, Tal, Höhle, Schlucht, Wald, Wiese, Moor, Steppe, Wüste oder kultiviert als Garten oder Park.

Die Landschaft mag der träumenden Person bekannt

sein oder nicht. Sie hat fast immer eine symbolische Bedeutung. Häufig sind zwei oder mehrere verschiedene Landschaften wie eine Collage zusammengesetzt. Oder der Traum zeigt in mehreren Sequenzen mehrere Orte hintereinander. Jeder Ort bringt zusätzliche Informationen zum ersten hinzu bzw. zeigt eine Abwandlung des ersten. Damit ist eine Nuancierung des Traumthemas verbunden. Das Phänomen des *déjà-vu* ist oft anzutreffen. Obwohl dem Wanderer der Ort fremd ist, kommt er ihm vertraut vor. Das ist eine schöne Metapher für seine innere Landschaft, die ihm noch fremd ist. Da sie aber ein Teil in ihm, und er auf der Suche nach ihr ist, wird sie ihm bald auch bewusst vertraut werden.

Ich bin in einem gebirgigen Hochland. Ich gehe in großer Höhe einen schmalen, ebenen Pfad entlang. Es sind Stollen dazwischen. Ich sehe zum höchsten Gipfel empor, verspüre aber keine Lust, dort hinaufzusteigen, obwohl man sagt, dass man von oben einen phantastischen Rundblick hat.

Dann sind mehrere andere Menschen bei mir. Wir gehen einen Hang hinunter. Der Weg ist breiter, aber steinig und windet sich um den Berg. Dazwischen müssen wir sehr vorsichtig sein, denn urplötzlich tun sich Spalten vor uns auf.

Schließlich gelangen wir an eine Stelle, wo wir unter uns im Tal einen breiten Fluss sehen. Wir gehen nun auf halber Höhe zwischen Weinstöcken am Fluss entlang. Wir wollen ans Meer, doch es muss noch ein langer Weg dorthin sein. Es gibt dann eine ziemlich kahle Gegend wie eine Steppe. Ich wundere mich, weil diese Landschaft nicht hierher gehört.

Dieser Traum weist gleich einige Symbole auf, auf die ich eingehen werde. Er ist ein schönes Beispiel dafür, wie die Psyche die vielen leichten und schwierigen, geraden und gebogenen Wege der inneren Reise darstellt.

Berg

Der Berg ragt in die Höhe. Er steht für das Oben des Menschen, das heißt für den Kopf und die in der Umgangssprache damit verbundenen Eigenschaften wie Geist und Verstand, Wille, Bewusstheit, nach außen gerichtete Aktivität und Beziehung zur Außenwelt. Die genannten Fähigkeiten entsprechen traditionellerweise der Funktion des Vaters in der Familie. Von daher ist Berg auch Metapher für das Väterliche. Selbstverständlich werden diese Aspekte im Traum auch durch das Bild des leiblichen Vaters dargestellt. Das Traumbewusstsein hat eben eine reiche Auswahl an verschiedenen Bildern, um eine bestimmte Qualität auszudrücken.

Ein Bergtraum kann die innere Beschäftigung mit einem Projekt ausdrücken, welches in der äußeren Welt geplant oder in Angriff genommen wurde. Man hat sich ein *Ziel gesetzt* (man besteigt einen Berg und hat den Gipfel vor Augen) und macht dabei die verschiedensten Erfahrungen. Hindernisse und Mühen auf dem Weg dorthin drücken sich auch im Traum aus. Oft ist das Ziel zu hoch, die Anforderung zu gewaltig. Man kann sich in Gefahr bringen, weil man einfach der Sache noch nicht gewachsen ist. Im Traum würde man etwa atemlos und kraftlos von Fels zu Fels klettern, über Abgründe springen, in schwindelerregender Höhe einem Grat folgen. Das Gestein im Gebirge wankt, oder ein Steinschlag geht nieder. Dann heißt dies konkret, dass man das Vorhaben überprüfen und gegebenenfalls davon ablassen sollte.

Der folgende Traum zeigt eine berufliche Überforderung aus der Sicht der Psyche:

Ich bin im Gebirge und klettere mit Händen und Füßen

über eine Seilleiter, die über einen Abgrund nach oben ge-
spannt ist, bis ich zu einem Stück komme, wo aus den Seilen
dünne Balken geworden sind. Aber hier gibt es nun keine
Sprossen mehr. Ich gehe nicht weiter, weil ich keinen Punkt
habe, wo ich die Füße aufsetzen kann.

Der Traum spricht für sich. Die Gefährlichkeit des
Weges ist gleich mehrfach in den Bildern des Abgrun-
des, der wackeligen Seilleiter und dem Balken ohne
Sprossen ausgedrückt. Der junge Mann, von dem
dieser Traum stammt, hatte sich einige Monate zuvor
beruflich selbstständig gemacht. Anfangsschwierig-
keiten hat wohl jeder mehr oder weniger. Seine Ängste
waren aber so groß und gingen so tief, wie der Traum
zeigt, dass der Träumer sich nun mit dem Gedanken
auseinanderzusetzen begann, seine Tätigkeit wieder
aufzugeben. Es wurde ihm mehr und mehr bewusst,
dass die Zeit dafür noch nicht reif war und dass er
erst mehr innere Sicherheit brauchte, um den Schritt
erneut zu wagen. Er gab sein Ziel nicht auf, aber er
wollte sich noch Zeit lassen.

In den verschiedensten Religionen werden heilige
Berge erwähnt, die als Orte der Kraft Himmel und
Erde miteinander verbinden. Sie gelten als Sitz der
Götter und werden verehrt. Der Berg gilt seit alters
her als Symbol für einen Ort geistiger Sammlung und
Regeneration, der Zurückgezogenheit und Alleinsein
verlangt. Ein Aufenthalt in großer Höhe kann zu er-
hebenden geistigen Erkenntnissen und großer innerer
Kraft führen. Dabei besteht jedoch die Gefahr, sich allzu lange von anderen Menschen abzusondern und zu
vereinsamen.

Das erlebte ein Mann, der sich wegen einer geistigen Arbeit für längere Zeit alle Kontakte mit Freunden
und Bekannten versagte. Er träumte, *dass er von einem*
Gletscher einen langen eisigen Weg zurück ins Tal geht. Er

begegnet Menschen, die ihm sagen, dass er sehr lange in der Höhe gelebt habe.

Die junge Frau mit dem nächsten Traum dagegen hatte große Mühe, allein zu sein. Sie *brauchte*, wie sie meinte, immer andere Menschen, obwohl sie sich wünschte, auf eine gute Weise *mit sich allein zu sein.* Sie begann ein Heimstudium in Geschichte, was sie schon lange interessierte und ihr Spaß machte. Während der Arbeit vergaß sie bald Zeit und Ort. Darüber war sie so erfreut, dass sie fast ins andere Extrem gefallen und nicht mehr ausgegangen wäre. Ihre Träume erinnerten sie daran, ihre Gefühle und ihre Bedürfnisse nach Gemeinschaft und Nähe mit anderen nicht zu vergessen:

Ich komme von einer Bergspitze einen ziemlich weiten Weg herunter, muss dann rechts abbiegen und gelange an ein Gasthaus, in dem ich mit zwei anderen Frauen verabredet bin. Wir wollen dann gemeinsam zurück.

Auch der nächste Traum mahnte sie, die goldene Mitte einzuhalten:

Ich wandere auf einem sehr hohen und breiten Bergrücken zu einem Ort im Tal jenseits des Berges. Dort ist es südlich warm. Ich will Freunde besuchen. Der Weg zurück führt auch wieder über einen Berg. Oben liegt eine Stadt, die ich schon gut kenne, aber auch nicht kenne.

Der Traum zeigt den Wechsel *von Berg und Tal*, von geistiger Tätigkeit und Ausruhen bzw. Feiern, was durch die Eigenschaft *südlich warm* betont wird. Auf dem Berg liegt eine Stadt, was sie für sich so deutete, dass sie auch während der Zurückgezogenheit rechtzeitig auf ihr Bedürfnis nach Geselligkeit achtet. Neu für sie war, die Zeit ausgewogen zwischen Alleinsein und Gemeinschaft zu verbringen *(die Stadt kenne ich schon gut, aber auch nicht).*

Der Weg auf einen *Berg hinauf* kann auf die *Bewusstwerdung* von unbewussten Inhalten im Allgemeinen und von verdrängten Konflikten im Besonderen aufmerksam machen. Wir holen sie aus unserer Tiefe heraus und heben sie nach oben in unser Bewusstsein. Die Lage auf einem Berg verschafft nicht nur größere Sicherheit, sondern auch eine bessere Sicht. Ein *weiter, freier Ausblick* weist auf innere Weite und Harmonie hin. Die Beschwerlichkeit des Weges hinauf symbolisiert entsprechende Schwierigkeiten in der Lebenssituation.

Analog dazu deutet der Gang einen *Berg hinunter* auf den Weg in unsere psychische Tiefe hin. Diesen Vorgang illustriert der nächste Traum:

Ich gehe einen ziemlich steilen Berghang hinab, um in einen Ort zu gelangen, der im Tal liegt. Ich muss viel und ganz vorsichtig klettern. Es begegnen mir Leute, die auch nach unten wollen. Schließlich bin ich unten. Ich denke, ich muss noch weitergehen, als ich zu meiner Verwunderung feststelle, dass wir bereits auf dem Grund angekommen sind.

Diesen Traum berichtete die bereits erwähnte Sabine während ihrer Therapie. Der Weg vom Bewusstsein hinab in die unbewussten Schichten ihrer Persönlichkeit, um deren Inhalte kennenzulernen, war nicht leicht und nicht geradlinig. Es gab Verzögerungen, Stillstände und Umwege. Sie fühlte sich aber nicht allein, auch wenn es schwierig wurde. Sie erhielt von außen, von guten Freunden, immer wieder Aufmunterung. Aber auch von innen her spürte sie immer öfter ihre eigenen Ressourcen. Das ließ sie weitergehen. Schließlich gelangte sie auf den *Grund* ihres Wesens, zu ihrer Mitte. Weitere Informationen stehen unter **Traummotive** – *Der Gang nach oben, Der Gang nach unten.*

Höhlen und unterirdische Gänge

Die Symbolik der Höhle hängt zusammen mit dem Bereich von Geburt und Schwangerschaft (Mutterleib). Sie steht für die Sehnsucht des Menschen nach Urgeborgenheit. Es ist die Aufgabe des Menschen, aus dieser Höhle heraus und in das Tageslicht, das *Licht der Erkenntnis*, zu gelangen. Die Aspekte der Höhle entsprechen dem *Mütterlichen* in seiner positiven Färbung: Weisheit aus Lebenserfahrung, Güte, Fürsorglichkeit, das Leben- und Nahrungspendende, das Fördernde. In seiner negativen Färbung: das Dunkle, das Angsterregende, das Geheimnisvolle.

Der folgende Traum vermittelte dem Träumer gute Gefühle, welche lange anhielten:

Ich bin unter der Erde in einer Grotte und grabe Sand um. Ich finde ein rundes hohles Gefäß, in dem etwas ist. Ich schüttele es und finde kleine Goldkörner und eine Silbermünze darin. Der ganze Boden im Raum ist schon umgegraben. Unter dem Sand finde ich Schüsseln, Kleider und Schuhe. Es müssen hier Leute gelebt haben, ganz primitiv und ärmlich, denke ich.

Der Träumer ist ein Mann Mitte vierzig, der seit einiger Zeit eine Selbsterfahrungsgruppe besucht, weil ihn die einseitig rationale Ausrichtung seines Berufes immer unzufriedener machte. Aus der Unzufriedenheit wurde bald Neugierde, seine intuitiven und *weiblichen* Eigenschaften kennenzulernen. Er begann, sich immer öfter an Träume zu erinnern. In dem genannten Traum ist er unter die Erde in eine früher von Menschen bewohnte Höhle gestiegen. Er verbindet damit die Vorstellung, in eine Zeit zurückzugehen, in der das Ursprüngliche noch Bedeutung besaß: Nahrung und Kleidung. Die Leute lebten eng in einem Raum zusammen, wärmten und schützten sich gegenseitig. Er glaubt, bis auf den Grund seines Wesens gelangt und dort wesentliche Werte gefunden zu haben. In den Goldkörnern und in der Silbermünze sah er seine intuitiven und fürsorglichen, mütterlichen Eigenschaften. Die Form der Grotte wiederholt sich im hohlen Gefäß. Hier ist das Symbol für Mütterlichkeit doppelt vorhanden. Der Traum gab ihm die Bestätigung, auf dem richtigen Weg zu sein.

Der folgende, recht komplizierte Traum stammt von Mara, die ich im Abschnitt über die Schlange bereits erwähnt habe. Auch dieser Traum handelt von ihrer weiblichen Sexualität, ein Thema, das sie lange während der Therapie beschäftigte.

Ich bin mit anderen in einem Raum, wo Zwielicht ist. Sankt Nikolaus ist da, ohne dass wir wissen warum. Um das herauszufinden, sage ich zu ihm: ›Ich begrüße dich im Zwielicht der Sonne‹. In dem Augenblick wird es stockfinster.

Ich fliege jetzt in diesem Raum, der wie ein riesiger Kessel ist, herum und versuche einer Frau, der Mutter – nicht meine Mutter – auszuweichen, die uns fangen will. Es ist nichts mehr zu sehen, ich weiß nur, dass es da ist. Es gilt durchzuhalten.

Plötzlich sehe ich es: ein kleines rotes Licht. Ich sage: Ich begrüße dich, Rot. Du bist die Farbe meiner Zuversicht.

Mara brauchte lange, bis sie den Sinn ihres Traumes begriff. Wie sich herausstellte, enthielt er ein unbewusstes und konfliktbeladenes Thema zur eigenen Mutter. Ich fragte sie zuerst nach Sankt Nikolaus. Der *steckt böse Kinder in einen Kessel*, war ihre prompte Antwort. Sie war selbst überrascht, bis sie sich erinnerte, diesen Satz als Kind öfters von ihrer Mutter gehört zu haben. Ich ließ sie dann als Mutter sprechen.

Mara als **Mutter**: Nikolaus steckt die Kinder, die zu laut und zu neugierig sind und zu viele Fragen stellen, in Abrahams Wurstkessel. Jetzt fiel Mara ein, dass, wenn immer früher über die Zeit vor ihrer Geburt erzählt wurde, die Mutter lächelnd meinte: Da warst du noch in Abrahams Wurstkessel. Die kleine Mara verband nun Schwangerschaft, Mutterleib, Wurstkessel und Sankt Nikolaus zu einem verhängnisvollen Kaleidoskop, welches sich in ihrem Unbewussten festsetzte. *Abrahams Wurstkessel* enthielt alle ungeklärten Fragen der kleinen Mara über Sexualität, die Mutter unbequem waren.

Das kleine rote Licht, die Farbe ihrer Zuversicht, welches sie nach langem Durchhalten endlich sah und begrüßte, war Mara rätselhaft. Ihr fiel dazu nur ein: ein Licht wie an einem Bordell im Rotlichtmilieu. Ich ließ sie das rote Licht visualisieren: Das Licht wird weiß glühend (Symbol für Energie) und verändert sich zu einer liegenden Acht (Symbol für die Unendlichkeit). Die kleine rote Lampe, ein Symbol für die Sexualität und im erweiterten Sinne für Energie, stärkte ihre Zuversicht und leuchtete in das Dunkel, welches ihre Sexualität umgab.

Wie treffend hatte die Traumkraft zu Beginn ausgedrückt, dass Zwielicht im kesselförmigen Raum herrsche. Der Mutterleib hatte bei der kleinen Mara in der Tat eine zwielichtige (unklare) Bedeutung erlangt. Die Fragen nach dem Kinderkriegen waren in der frühen Kindheit stark mit Angst besetzt. Als sie dann etwas älter war, wurde ihre erwachende Weiblichkeit durch abwertende Bemerkungen über ihren Busen und die Hüften verletzt. Sexualität als reiner Genuss wurde verurteilt. *Das tun nur die Nutten* (rote Lampe = Bordell). Als erwachsene Frau hatte sie erhebliche sexuelle Hemmungen, die ihr selbst unverständlich waren. Die Erschließung des Traumes brachte sie zu den Wurzeln ihrer Hemmungen, sodass sie sich allmählich davon befreien konnte.

Steppe

Die Steppe, eine öde und karge Landschaft, weist auf eine Periode seelischer Dürre hin, in die sich der Träumer meist ungewollt hineinversetzt fühlt. Es gilt die Ursache für die Krise zu finden, sich neu zu orientieren und neues Wachstum einzuleiten.

Eine junge Frau hatte in der Zeit nach der Trennung von ihrem Mann immer wieder Träume, *dass sie sich allein oder mit wenigen Menschen in einer ziemlich öden Hochfläche wie in Tibet oder Pamir auf einer Wanderung befindet.* Natürlich versuchte sie tapfer ihr Alleinsein zu meistern, obwohl sie dabei erleben musste, dass sich frühere Freunde und Bekannte von ihr abwandten. Sie war auf sich selbst zurückgeworfen.

Freies Assoziieren über ihren Traum brachte ihr folgende Erkenntnisse:

Innerasiatisches Land. Hochland. Innenland. Abgeschnitten von der Außenwelt. Dünnere Luft. Schwierige, härtere Lebensbedingungen. Fremdartig. Wenig Kultur. Ursprünglichkeit. Die Ressourcen der Natur reichen mehr oder weniger gerade zum Überleben.

Die Menschen leben einfach, elementar. Sie beschränken sich auf das Wesentliche. Sie leben das Tierhafte, Erdnahe, und haben einen engen, warmherzigen Kontakt zueinander. Alles, was darüber hinaus kommt, ist irgendwie künstlich, muss nicht sein.

Der Traum verdeutlichte nicht nur ihre gegenwärtige Lebenssituation, sondern wies sie auch auf die Notwendigkeit hin, in ihrer Mitte zu bleiben (im Innern Asiens) und die elementare Kraft in sich selbst zu entdecken.

Wüste

Für die meisten Menschen ist die Wüste ein ungewohnter Lebensraum, beängstigend und faszinierend zugleich, ein Ort des Durchgangs und der Herausforderung. Sie ist wild und lebensfeindlich.

Sie entspricht einer seelischen Grenzsituation, in der Menschen zum Wesentlichen finden, sich auf den Tod besinnen, nach dem Sinn des Lebens fragen und sich eine Neuorientierung abzeichnet. Ein Symbol für Leere und Fülle zugleich, für Einsamkeit oder kosmische Geborgenheit, für äußerste Verlassenheit oder Gottesnähe. Die östlichen Menschen verbinden mit der großen Leere ein Bild besonders großer Energie.

Moor

Zunächst ein Traum von Sylvia, einer Frau, die ihr erstes Kind erwartet:

Ich bin in einem Sumpfgebiet, gehe auf zwei Planken, die als Steg angelegt sind. Ich habe ein beklommenes Gefühl, bin aber auch zuversichtlich, weil ich weiß, dass am Ziel meines Weges etwas Positives zu erwarten ist. Dann gelange ich an eine Brücke. Es wird abschüssig. Es ist auch mehr Morast da.

Dann geht es wieder aufwärts, aber nur auf einer Planke. Es ist richtig rutschig jetzt. Ich kriege Angst und denke: ›Wenn ich in den Sumpf falle, bin ich weg!‹ Ich schaue in den Morast und sehe Pflanzen, dunkelgrau, graubraun, grünes Moos und Reetgras. Das Ufer ist sichtbar: Bö-

schung, dunkle Torferde. Der Weg geht drüben weiter. Ich bin am anderen Ufer angelangt und stelle fest: ›So schlimm war es eigentlich nicht!‹. Ich bin erleichtert.

Ihre Assoziationen zu Moor sind: dunkel, unbekannt, macht Angst. Wenn ich versinke, bin ich weg. Ein Ort, wie es vor Urzeiten auf der Erde aussah. Aber es gibt auch Leben. Einfache Pflanzen und Moos. Hier ist das Moor eine Metapher für das *Unbekannte*. Die meisten Menschen haben Angst davor, die Angst zu versinken.

Es gibt **Pflanzen** auf einer sehr niedrigen Entwicklungsstufe. Den Weg ist manchmal gefährlich. Sie erkennt darin ihre momentane Lebensphase, die durch die Schwangerschaft geprägt ist. Zur **Brücke** bemerkt sie: *Ein anderes Ufer* (d. h. ein anderer Lebensabschnitt) *ist in Sicht. Es ist noch nicht erkennbar, wie es da weitergeht. Doch ich bin zuversichtlich.*

Dieses Mal wählt das Unbewusste Pflanzen und eine elementare Landschaft aus, um Lebensenergien auf einer archaischen Stufe zu veranschaulichen. Sylvias Weg geht durch diese Landschaft. Sie kann zum jetzigen Zeitpunkt noch nicht sagen, ob es der Weg zum Unbewussten (Moor) ist, um alte verdrängte Erlebnisse aus ihrer Kindheit ans Licht der Bewusstheit zu heben, einen Weg, den sie vor einiger Zeit durch die Beschäftigung mit ihren Träumen betreten hat.

Oder ob der Traum ihre Schwangerschaft veranschaulicht. Sylvia gibt das Leben schlechthin weiter, wie sie es selbst empfangen hat, das Leben in seiner ganzen Ursprünglichkeit (Bild des Moores). Sie fühlt sich beklommen dabei (Angst vor der bevorstehenden Geburt), doch sie weiß, dass sie am Ziel etwas Positives erwartet. Der Traum wäre somit eine Art der Auseinandersetzung mit der Angst, die auch neben der Freude durch das bevorstehende glückliche Ereignis in ihr ausgelöst wird. Ganz deutlich ist das Bild der neuen Lebensphase zu erkennen. Wenn sie Mutter wird, beginnt für sie ein neuer Lebensabschnitt. Im Traum bewegt sie sich auf ihr Ziel zu und ist zuversichtlich dabei. Das genügt ihr im Augenblick.

Wald

Der Wald gilt als Symbol des Unbewussten und verkörpert wie im Märchen Geheimnisvolles und Abenteuerliches. Die Metapher erscheint in Situationen, wenn uns die Orientierung im Leben verloren gegangen ist. Wir irren im Dunklen umher. Das drängt uns, nach dem Sinn unseres Lebens zu forschen. Wie die Wüste ist der Wald ein Ort der Abgeschiedenheit, wohin sich früher Eremiten und Asketen zurückzogen. Aus dieser Sicht ist der Wald ein Symbol für geistige Konzentration und innere Sammlung.

Im Wald leben die vielfältigsten Tiere. Findet man die Bedeutung dieser Tiere heraus, so erkennt man, welche Energien im Dunkel unseres inneren Waldes verborgen sind. Es mag mühsam sein, doch es ist auch lohnend.

Wiese

Eine grüne Wiese, frische Blumen und blühende Bäume oder Büsche stellen Wachstum und Werden dar. Grün weist auf den Fortschritt, noch nicht auf die Reife hin. Alle frühlingshaften Bilder sind positiv zu sehen, weil sie einen Neubeginn im unbewussten Bereich ankündigen. Besonders wenn ein solcher Traum in einer Zeit des Rückzugs und der Vereinsamung auftritt, wird die träumende Person Trost und Stärke verspüren. Zeigt der Traum dagegen ein eher winterliches Bild, sind innere Ressourcen noch nicht erschlossen.

Metaphern wie *Frühling*, *Sommer*, *Herbst* oder *Winter* des Lebens sind hilfreich bei der Sinnfindung in Träumen, wo die Natur vorherrschend ist.

Garten

Ein Garten gehörte zu früherer Zeit zu jedem Haus. Jede Familie hatte einen Garten für den Eigenbedarf. Der Garten umgab das Haus, wurde von den Eheleuten gemeinsam bearbeitet und lieferte einen Großteil der Nahrung. Nahrung im Traum heißt immer emotionale Nahrung. Der Garten ist daher ein Symbol für die partnerschaftliche Beziehung. Einen *Garten hegen und pflegen* im Traum zeigt an, dass man sich bemüht, Gefühle und Kontakte zu pflegen.

Im Garten werden **Blumen** angepflanzt. Sie schmücken das Heim und bereiten Freude. Blumen blühen bunt und vielfältig, sind frisch und vergänglich, sind nur für sich selbst da, ein Bild für die Wandelbarkeit von Gefühlen. Sie bedürfen der Fürsorge, damit sie nicht schnell verwelken. Auch zwischenmenschliche Gefühle der Zuneigung brauchen eine liebevolle Pflege, um zu wachsen und zu bestehen. Blumen und Garten in ihrer Form, Farbe und in ihrem jeweiligen Zustand werfen ein Bild auf eine emotionale Beziehung.

Wie bei jeder anderen Traumlandschaft gibt die Jahreszeit auch beim Garten einen Hinweis auf die innere Gemütslage. Einer älteren, alleinstehenden Frau machte der folgende Traum Mut. Er setzte Kräfte in ihr frei, die sie nicht vermutet hatte:

Ich bin in einem Garten. Es ist der alte Garten meines Va-

148

ters. Ich sehe Dahlien, Tulpen und andere Blumen blühen,
obwohl der Garten sonst schon – es ist Winteranfang – ver-
waist ist. Es ist auch noch Gemüse und Obst zu sehen.

Typisch für den Traum ist, dass Gesetze von Zeit
und Raum aufgehoben sind. Das zeigt sich hier besonders deutlich. Zu Winteranfang mögen nämlich
noch Dahlien, aber bestimmt keine Tulpen blühen. Die
Träumerin machte sich bewusst, dass es für sie wichtig ist, mit 60 Jahren und zu Beginn des schon lang
ersehnten beruflichen Ruhestandes (Winteranfang
in ihrem Leben) einen neuen Sinn für ihr Leben und
neue Beschäftigungen zu finden, um nicht depressiv
zu werden. Neues Leben wurde von ihrer Traumkraft
besonders durch die Tulpen versinnbildlicht, die bekanntlich im Frühjahr blühen. Der Traum hinterließ
ein ungewöhnlich gutes Gefühl bei ihr.

In einem Gartentraum kann auch der Wunsch
nach Liebe und Zuneigung zum Ausdruck gebracht
werden. Hella, die schon früher erwähnte junge Frau,
träumte:

Ich bin in einem Park und fahre mit dem Fahrrad immer
um die Beete herum. Ich spüre dabei schmerzhaft meine Zu-
neigung zu K. (ihr damaliger, verheirateter Freund, der
nur wenig Zeit für sie hatte).

Sie erkannte, dass der Traum ihre Lebenssituation
genau widerspiegelte. Sie fuhr immer im Kreis herum
(um die Beete), und wartete sehnsüchtig, aber ver-
gebens auf K. Obwohl sie in ihrem Herzen eigentlich
längst wusste, dass er sich nicht für sie entscheiden
würde, und sie darunter litt, klammerte sie sich an die
Hoffnung, dass es doch noch gut für sie enden werde.
Nach dem Traum brauchte sie zwar noch eine Weile,
um die Beziehung zu dem Freund zu lösen, doch sie
sah ihre Beziehung immer realistischer, was ihr bei
der Entscheidung half.

In der Zeit nach Auflösung der Beziehung träumte sie einmal, dass sie im *Garten hinter ihrem Haus Küchenkräuter pflanzte*, einige andere Male, dass sie in einem *verwilderten Garten den Boden bearbeitete* und später, dass sie *Obst und Beeren* aus dem Garten hinter ihrem Hause *erntete*. Sie verstand die Traumbilder so, dass sie ihre eigenen Gefühle und Bedürfnisse (verkörpert durch Küchenkräuter bzw. Obst und Beeren) mehr hegen und pflegen solle, um auf diese Weise *einen guten Boden* für eine neue Partnerschaft vorzubereiten.

Ein ummauerter Garten mit einer verschlossenen Pforte ist auch ein Symbol für die noch nicht erlangte Mitte des Menschen, besonders wenn sich in seiner Mitte ein Brunnen, ein besonderer einzelner Baum oder ein Schloss befindet. Der Träumer wird sozusagen aufgefordert, alte Wertvorstellungen und Programme zu entdecken, die ihn hindern, in die eigene Mitte zu kommen.

Dies illustriert der nächste Traum:

Ich bin auf einem alten Landhof. Hinter dem Haus befindet sich ein großer, parkähnlicher Garten, der von einer Mauer umgeben ist. Vor mir sind drei Türen, verschlossen und mit Efeu überwachsen. Im Innern stehen hohe Bäume und ein Schloss. Es ist ein schöner Anblick und macht mich neugierig. Ich will einen freien Zugang vom Haus in den Garten schaffen. Doch das Freilegen und Öffnen der ersten Tür macht mir große Mühe.

Interessant an diesem Traum ist, dass drei Türen ins Innere des Gartens führen. Das erinnert an die magische Zahl drei, die in vielen Variationen auch im Märchen vorkommt. Oft muss der Held drei Aufgaben lösen, sich dreimal bewähren, bevor ihm das Glück winkt oder er den in Aussicht gestellten Lohn erringen kann. Im Traum veranschaulicht die Mühe zum Öffnen der drei verschlossenen Türen, dass der Weg ins Innere Energie und Konzentration erfordert.

Sonstige Symbole

Haus

Das Haus ist eine Metapher für die eigene Persönlichkeit. Wir träumen zum Beispiel, dass wir in einem zwar fremden Haus sind, das uns aber auch irgendwie bekannt vorkommt. Wir sind auf der Suche nach den verschiedenen Räumen. Der dunkle **Keller** steht dabei für das Dunkle (Unbewusste), die **oberste Etage** für das Bewusste und den Verstand. In der **Küche** wird die Nahrung zubereitet. Es ist der Ort der Kommunikation (Wohnküche). Sie stellt soziale Kontakte und Zuwendung (= Nahrung) dar. Auch das **Wohnzimmer** ist der Ort, wo Kontakte gepflegt werden. Das **Schlafzimmer** symbolisiert Ruhe und Entspannung und Sexualität. Das **Bad** ist der Ort der Reinigung und bedeutet von daher so viel wie *Erneuerung*. Die **Toilette** dient der Entleerung und stellt somit auch das Loslassen *psychischer Reste* dar. Damit können sowohl alte Gefühle als auch geistiger Ballast gemeint sein. In manchen Träumen entrümpeln wir, reinigen, reparieren oder erneuern. Das weist auf das Reinigen von alten, überholten oder gar schädlichen Werten in unserem inneren Hause hin.

Häufig sind Träume, in denen wir uns als Erwachsene in unserem **Elternhaus** befinden. Dies kann ein Thema aus unserer Kindheit bedeuten, welches durch ein aktuelles Ereignis in irgendeiner Form ausgelöst wurde. Vielleicht soll uns dieses Thema bewusster werden, damit wir uns damit auseinandersetzen.

Nicht selten handeln wir als Erwachsene noch, wie das Kind in uns handeln würde, ohne dass wir Alternativen wahrnehmen. Auf noch nicht erschlossene Fähigkeiten in uns weisen auch Träume hin, in denen wir auf leere, unbekannte oder nicht benutzte Zimmer stoßen.

Besonders deutlich wird die eigene Bewusstseinserweiterung oder -veränderung durch Träume, in denen wir uns in einem sehr alten Gebäude befinden, das renoviert und damit wieder bewohnbar gemacht worden ist.

In einem meiner Träume *befinde ich mich in einer mittelalterlichen Burg mit dicken Mauern und vielen verwinkelten Räumen und Gängen. Alle sanitären und elektrischen Einrichtungen für ein komfortables Wohnen aus heutiger Sicht sind vorhanden, während der eigenartige Reiz von alten Mauern und Räumen erhalten ist. Diese Burg ist so renoviert worden, dass einige Wohnungen in verschiedenen Größen daraus entstanden sind. Ich fühle mich immer sehr wohl und bin froh, eine solch schöne Wohnung zu besitzen.*

Für mich heißt dieser Traum: Ich lebe eingebunden in die Werte und vertraut mit den Eigenschaften, die ich von meinen Ahnen mitbekommen habe. Allerdings habe ich einiges grundlegend verändert, sodass es meinen eigenen Bedürfnissen entspricht. Insbesondere die Wertvorstellungen und Erwartungen im Zusammenhang mit meiner weiblichen Identität sind andere, verglichen mit denen, welche für meine Mutter und die weiter zurückliegenden Generationen von Frauen maßgeblich waren. Eine **Burg** oder ein **Schloss** ist ein Hinweis auf ein Thema, welches auf die Mutter zurückgeht, und gilt als archetypisches Muttersymbol.

Ursel hat zu Beginn ihrer Therapie zahlreiche Träume, in denen unterirdische Landschaften, Gewölbe oder auch Keller vorkommen. Es sind alles Symbole für das Unbewusste. Einer dieser Träume sah so aus:

Ich bin im Keller meines Hauses. Es ist wüst hier unten, nicht fertig, wie in Felsen gebaut. Die Wände sind hart und voller Zacken. Sie glitzern, passen irgendwie nicht in den Keller. Aber es ist nicht übel. Ich bewege mich wie in einem Labyrinth. Da taucht ein drachenartiges Ungeheuer auf, braun mit Fangarmen. Es macht mir Angst und geht dann vor mir her. Dann taucht eine bemalte männliche Holzpuppe auf. Sie ist furchterregend mit einem blutroten Geschlechtsteil.

Im Labyrinth begegnen Ursel verschiedene fürchterliche Gestalten, denen sie sich stellen muss. Der Traum weist ein Motiv auf, das in zahlreichen Märchen vorkommt. Die Heldin oder der Held müssen sich auf ihrem Weg verschiedenen Prüfungen unterziehen. Ursel schildert, dass sie trotz ihrer Angst in diesem dunklen Keller auch neugierig ist, alles zu erforschen. Sie hat das Gefühl, etwas Spannendes und Wunderbares zu erleben, was durch die glitzernden Wände verstärkt wird. Im Traumspiel erkannte Ursel die Bedeutung der im Unbewussten festgehaltenen Themen, welche durch die eigenartigen Gestalten (Ungeheuer, männliche Holzpuppe) verkörpert werden.

Elisabeth, eine Teilnehmerin aus der Traumgruppe, schilderte folgenden Traum, der an anderer Stelle bereits erwähnt ist:

Ich komme in meine Wohnung zurück. Die Wohnungstür steht offen. In der Wohnung befinden sich viele fremde Leute. Ein Priester ist da. Ich frage, was sie wollen. Sie geben keine Antwort. Sie scheinen es aus Gedankenlosigkeit getan zu haben. Ich bin hilflos, stumm, wie gelähmt. Diesmal ist ein Mann unter den Leuten, der irgendetwas mit Spiritualität zu tun hat.

Es wurde Elisabeth schnell bewusst, dass es ihr im Leben genauso geht wie im Traum. Sie fühlte sich hilflos gegenüber anderen Menschen, passte sich zu schnell an, konnte sich nicht abgrenzen, ließ andere über sich bestimmen und fühlte sich *nicht bei sich zu Hause*, sodass sich fremde Menschen in ihrer Wohnung aufhalten können. In der Vergangenheit richtete sie sich nach religiösen Geboten und Verboten, was auf ihre streng religiöse Erziehung zurückging *(Priester)*. In den letzten Jahren suchte sie ihren Halt eher in der Esoterik. Dies drückte sie im Traumbild des *spirituellen* Führers aus. Der Traum warnte sie allerdings vor dieser neuen *fremden* Autorität. Ihre eigene Identität hatte sie noch nicht gefunden. Sie kam nicht daran vorbei, sich auf die Suche nach sich selbst zu machen, ihren Standpunkt, ihre Gefühle, ihre Bedürfnisse, ihre Stärken und Schwächen zu finden, um ganz *allein bei sich zu sein*. Oder die Tür zu öffnen und andere hereinzulassen, wenn sie es will, wenn es ihr Impuls ist.

Treppen

Treppen im Traum sind ebenfalls von Bedeutung. Sie sollten begehbar und in gutem Zustand sein. Beschädigungen weisen auf Schwierigkeiten im inneren Hause hin. Häufig ist der Abstieg in den Keller oder auf den Dachboden erschwert. Bezeichnend ist es auch, um welche Art Haus es sich handelt: einfach und bürgerlich, Schloss oder Hütte, Stadthaus oder Landhaus (Bauernhof). Wir erkennen daran, wie unsere Psyche die eigene Bedeutung und den Lebensstil empfindet.

Straße, Kreuzung

Straßen oder Wege erscheinen im Traum als Bilder des Lebensweges. Kreuzungen oder Gabelungen symbolisieren notwendige Entscheidungen. Aufschlussreich sind die Beschaffenheit der Straße (lang, gerade, eintönig, verschlugen, uneben) und die Art der Fortbewegung.

An der **Kreuzung** stellen wir uns die Frage: geradeaus weiter, oder nach rechts oder nach links gehen. Das Linke ist das Unbewusste, das Gefühlhafte, das Weibliche. Rechts liegt das Bewusste, das Verstandesmäßige, das Männliche. Es ist günstig, den Weg zu dem Bereich zu wählen, der noch unentwickelt ist und der Entfaltung bedarf.

Gisela, eine Frau von fünfundfünfzig Jahren, steht nach dem Tod ihres Mannes und dem Wegzug ihrer erwachsenen Kinder am Beginn eines neuen Lebensabschnittes. Ihr Traum spiegelt das wider:

Ich bin in meinem Heimatort und sehe die Nachbarhäuser. Es ist alles verwüstet wie nach einer Explosion. Ich sehe zu, wie auf einer Straßenkreuzung ein Kutscher beruhigend auf ein sterbendes Pferd einredet. Es ist grau. Eine demolierte Kutsche ist auch da.

Das sterbende Pferd stellt ihren Mann dar, dem sie selbst als Kutscher tröstend zuspricht, so wie sie es in Wirklichkeit tat, indem sie ihren kranken Mann bis zu seinem Tod pflegte. Ihre physischen und psychischen Energien waren ziemlich erschöpft, was sich im Bild der demolierten Kutsche ausdrückt. Alles, was sie bisher umgab, hat wie nach einer Explosion aufgehört zu existieren. Nun steht sie an einer Lebenskreuzung.

Ähnlich wie die Vernichtung durch Feuer oder das Auftreten des Todes im Traum keine endgültige Zerstörung bedeuten, sondern im Sinne von Transformation *(Stirb und werde)* zu verstehen sind, zeigt Giselas Traum, dass das Leben für sie weitergeht. Sie selbst muss nun entscheiden, wie sie ihr weiteres Leben gestalten wird.

Brücke, Steg

Über eine Brücke betreten wir das andere Ufer eines Flusses. Eine Brücke überqueren heißt demnach so viel, wie ein *anderes Ufer zu,* betreten, eine neue Lebensphase zu beginnen, *neues Land zu betreten.* Hinweise erhalten wir über den Zustand und die Beschaffenheit der Brücke. Ist sie stabil und leicht begehbar oder etwa in einem kritischen Zustand? Das lässt uns erkennen, wie unser Traumbewusstsein die eigenen Kräfte einschätzt.

Fahrzeuge

Fahrzeuge, insbesondere das Auto, tauchen häufig in Träumen auf. Da das Auto eines unserer alltäglichen Fortbewegungsmittel ist, braucht auch die Traumkraft das Auto als ein Symbol dafür, wie wir uns auf unserem *Lebensweg fortbewegen.* Wir finden es ganz natürlich, dass wir auch im Traum Auto fahren. Es fällt uns erst auf, wenn sich die Fahrt nicht reibungslos abwickelt, sei es, dass das Auto einen Defekt hat, dass Straßen verstopft oder zu steil sind, dass ein anderes Fahrzeug sich uns in den Weg stellt und Ähnliches.

Grundsätzlich können wir unterscheiden zwischen selbst gesteuerten Fahrzeugen wie Auto, Fahrrad und

Motorrad und von anderen gesteuerten wie Omnibus, Straßenbahn, Zug, Dampfer und Flugzeug. Allein die Tatsache, welches Symbol im Traum erscheint, gibt einen Hinweis darauf, wie unsere Seele das *alltägliche Unterwegssein* erlebt, aus eigenen Impulsen heraus oder eher *fremdgesteuert*. Steuern andere Personen das Fahrzeug, in dem wir uns bewegen, könnte es sein, dass unser Unbewusstes das als Druck empfindet, dass wir uns womöglich manipulieren lassen, obwohl unser Tagesbewusstsein das noch nicht erkannt hat. Ein solcher Traum würde zu mehr Abgrenzung und Eigenverantwortung anregen.

Es kann aber auch sein, und dies trifft in den meisten Fällen zu, dass wir eigenen inneren Zwängen ausgeliefert sind, die unserem eigentlichen Wesen fremd sind. Diese *fremden* Aspekte werden im Traum dann etwa von einem Omnibus oder einer Straßenbahn dargestellt. Wir verhalten uns wie *fremdgesteuert*, was uns lange Zeit noch nicht einmal auffallen mag, so sehr haben wir uns mit den verinnerlichten Geboten und Verboten identifiziert.

Eberhard, vierundfünfzig Jahre, erzählt:

*Ich befinde mich zwischen zwei **Zügen**. Stehe in einer Nische der Lokomotive des Zuges auf der rechten Seite. Mir ist unwohl. Ich denke: Bei der ersten besten Gelegenheit springe ich ab. Da steht plötzlich vor uns quer zur Bahnlinie ein Omnibus. Ich springe ab und denke, dass ich mich davonmachen kann. Da stellen sich mir zwei Grenzsoldaten in den Weg und verlangen meine Papiere. Ich habe Angst, weil ich keine habe.*

Als **Zug** auf dem Gleis **rechts** beschreibt sich Eberhard: *Ich bin alt, schon viel rumgefahren, war auch schon in Reparatur. Habe jede Menge Kraft, um Hindernisse zu überwinden.* Der Zug ist Eberhards Antriebskraft, sein realer Sinn für die alltäglichen Pflichten, sein Pflichtbewusstsein und seine Verantwortlichkeit. Es ist sein erwachsener Anteil.

Der **Zug links** ist auch schon älter, jedoch groß, glatt, ohne Ecken und Kanten. *Er ist meine Persona,* meint Eberhard, *so zeige ich mich nach außen hin, nämlich immer funktionsfähig, ohne Probleme (›ohne Ecken und Kanten‹).*

Als **Omnibus** sagt er: *Ich mache ziemlich weite Reisen, komme über schlechte Wege und durch steppenartige Gebiete. Ich fahre Leute, die lange unterwegs sind. Ich bin farblos, bin heruntergekommen. Ich tue meine Arbeit, sorge dafür, dass die Leute, die ich befördere, gut ans Ziel gelangen. Aber ich schleppe mich nur noch so dahin. Es ist kein Unglück, dass mich der Zug in der Mitte durchtrennen wird.*

Auch hierin erkennt sich Eberhard wieder. Er ist hilfreich und fürsorglich zu anderen, innerlich jedoch einsam und kann selbst nicht um Hilfe bitten. Er fühlt sich oft ausgelaugt und kraftlos. Zwischen diesen verschiedenen Anteilen ist er als Traum-Ich eingekesselt. Seine ureigenen elementaren Bedürfnisse kommen unter der Antriebskraft seiner von den Eltern und von anderen Autoritäten geforderten und vorgelebten Eigenschaften (dargestellt durch die beiden Züge und den Omnibus) viel zu kurz. Er erlaubt sich nicht, seinen oft schon lang bestehenden Wünschen nachzugehen, weil die tägliche Pflichterfüllung wichtiger ist. Er gönnt sich kaum Spaß und Freude.

Im Traum wird es zu einem Zusammenstoß zwischen den drei Fahrzeugen kommen. Zum Glück rettet sich Eberhard rechtzeitig. Er wird dabei aber durch zwei Grenzsoldaten aufgehalten. Das zeigt, dass ein weiteres inneres Hindernis vor seiner *Befreiung* auftaucht. In einem Dialog mit den *Grenzsoldaten* (auch ein Bild für innere Autoritäten) erweisen sich die beiden glücklicherweise als sehr verständnisvoll und sogar hilfreich. Das ist ein positives Zeichen. Es ist wichtig, dass das *innere Kind* von Eberhard, welches sich durch die starken Kräfte seiner inneren Autoritäten noch sehr unterlegen fühlt, viel Ermunterung und Zuspruch erhält.

Ein Jahr später träumt er:

*Ich steige in eine **Straßenbahn** ein. Sie ist ganz bequem mit gepolsterten Sitzen und einigen anderen Annehmlichkeiten ausgestattet. Die Tische sind weiß gedeckt, doch es steht nichts darauf. Ein Mann steigt mit mir ein und setzt sich neben mich. Wir sitzen nun da und warten darauf, dass es losgeht. Doch die Bahn bleibt einfach stehen.*

Eberhard weiß, dass die Straßenbahn ein Bild für seine Lebensweise ist. Dieses Mal will er für Spaß sorgen. Es handelt sich um eine weiß-blaue Münchner Straßenbahn, die man zum Feiern mieten kann, und welche dann einige Stunden in der Stadt herumfährt, während im Innern gefeiert wird. Allerdings ist in den wirklichen Straßenbahnen fürs leibliche Wohl bestens gesorgt, während es in der Traumbahn weder zu essen noch zu trinken gibt.

Der Mann neben Eberhard ist ein Teil von ihm, der dem Traum-Eberhard ein wenig voraus ist: Er trägt nämlich den auffälligen Hut, den Eberhard schon immer tragen wollte, den er sich zwar gekauft, aber noch nicht aufgezogen hat. Dieser Hut ist für Eberhard ein Symbol für seine Unabhängigkeit. Er hat ihn sich alleine ausgesucht. Die anderen tragen so was nicht. Er will zu sich stehen und frei von dem sein, was andere tun oder denken mögen. Der Traum zeigt Eberhard, dass im Innern bereits ein positiver Schritt getan wurde, dass aber noch einiges zu erledigen ist.

Die Straßenbahn bleibt einfach stehen. Er erkennt in diesem Bild, dass er zu sehr auf andere Menschen

159

baut, damit sie ihn zu Vergnügungen mitnehmen oder animieren (Straßenbahn als *fremdgesteuertes* Fahrzeug). Er muss noch eigenständiger und unabhängiger werden.

Gabi, fünfundfünfzig Jahre, verheiratet, erzählt folgenden Traum:

*Ich bin mit einigen Leuten bei einer **Radtour** in einer eigentümlichen Landschaft. Ich fahre um ein Gewässer herum und stürze dabei. Ich falle ins Wasser, kann aber wieder aufstehen, sodass wir weiterfahren. Ein Pedal bricht ab. Nun muss ich die Fahrt abbrechen.*

Sie beschreibt das Rad als nicht sehr schnell, aber gut zu handhaben, nicht mehr ganz jung, doch schön blau. Irgendwo klappert das Schutzblech. Durch einen Materialfehler ist am Pedal ein Schwachpunkt entstanden. Bei hoher Belastung kann ein Defekt entstehen.

Sie merkt, dass sie sich selbst ganz treffend beschrieben hat. Ihren Schwachpunkt kennt sie auch. Sie merkt meistens zu spät, wenn sie sich zu viel zugemutet hat. Die blaue Farbe steht für ihren starken rationalen Anteil, der ihr bisher geholfen hat, gut durchs Leben zu strampeln, ausdauernd und kraftvoll.

An einem künstlichen Gewässer stürzt sie. Als ich sie diesen Teil des Traumes näher anschauen lasse, zeigt sich, dass sie ihre Gefühle nicht frei fließen lassen kann, sondern stark kontrolliert (*künstliches* Gewässer im Gegensatz zu einem *natürlichen* Fluss). Sie hat Angst, in ihren Gefühlen zu versinken. Doch ihre Traumseele lässt sie ins Wasser fallen. Sie weiß, dass sie ihre Gefühle nicht länger verdrängen und blockieren kann und darf.

In diesem Traum ist das Fahrrad zunächst ein Ausdruck für Gabis Selbstdarstellung und ihre Befindlichkeit. Seit alters her ist der Kreis ein Symbol für die

Ganzheit, ein sich drehendes Rad ein Zeichen für die ständige Wandlung. Eine Verbindung zwischen zwei sich drehenden Rädern könnte eine Verbindung zwischen zwei Zentren darstellen, etwa zwischen Ratio und Gefühl. Gabis Traum weist in einem tieferen Sinn auch auf die anstehende innere Entwicklung hin.

Sehr hilfreich ist es zu erkennen, wie unsere träumende Seele sich selbst sieht, etwa als roten Porsche oder grauen, älteren VW Polo. Unser bewusstes Selbstbild weicht manchmal erheblich von dem unbewussten ab. Verschiedene innere Anteile können auch als verschiedene Autos auftauchen. Im Traum sieht ein Mann sich als Landrover, der einem bescheidenen Citroën 2 CV *(Ente)* den Weg versperrt, ein Hinweis auf einen inneren Konflikt zwischen einem starken und wendigen Anteil im beruflichen Lebensbereich und einem eher bescheidenen und schwachen Anteil im privaten Umfeld.

Zusammenfassend möchte ich nochmals darauf hinweisen, dass zunächst das Traumbild immer in Verbindung zu dem realen Tagesgeschehen zu sehen ist. Hier ist auch in aller Regel der Auslöser für den Traum zu suchen. Die Gefühle während des Traumes und gleich nach dem Erwachen sind ebenso für die Deutung zu berücksichtigen, weil ein und dasselbe Symbol bei verschiedenen Menschen aufgrund ihrer ganz spezifischen Erfahrungen unterschiedliche Gefühle und Vorstellungen auslösen kann.

Deshalb möchte ich selbst so weit verbreitete Traumbilder wie die genannten nicht allgemeingültig nennen. Wenn sie auch bei den meisten auf gleichartige Gefühle und Situationen hinweisen, können sie doch für einen Einzelnen eine andere spezifische Bedeutung haben.

Die vorliegenden Symbole sind die wichtigsten und meiner Erfahrung nach auch die häufigsten vorkommenden Bilder. Ich habe bewusst nur diese ausgewählt. Sie sollen eine Hilfe und eine Anregung sein, dass Sie sich selbst an die Bedeutung Ihrer ureigenen Traumthemen heranwagen. Letztendlich können nur Sie selbst herausfinden, was Ihr Traum Ihnen mitteilen will. Haben Sie Vertrauen auf Ihr inneres Wissen. Vertrauen Sie dem Schatz Ihres persönlichen und kollektiven Unbewussten. Es ist auf jeden Fall besser, aus der Tiefe heraus zu spüren, was gemeint ist, als dieses nur im Kopf zu wissen.

Ganzheitliches *(ungerichtetes)* Denken und Wissen bewirken, dass Sie sich im Einklang mit sich selbst fühlen. Ihre psychische Energie ist im Fluss. Lassen Sie angenehme Träume und die damit verbundenen guten Gefühle einfach auf sich einwirken. Sie bereichern das Leben. Alpträume dagegen fordern regelrecht auf, den damit verbundenen Konflikt zu lösen. Inwieweit das selbst möglich ist oder fachliche Hilfe erfordert, merken Sie selbst am besten. Ist Ihre Angst sehr groß oder können Sie allein nicht nach mehrfachen Versuchen den Sinn des Traumes finden, ist eine solche Hilfe ratsam.

Traummotive

Fallen

Träume, in denen wir zu fallen oder abzustürzen drohen, kommen recht häufig vor. Oft wachen wir gerade noch auf, bevor wir in die Tiefe stürzen, und sind dann sehr erleichtert. Es sieht so aus, als ob uns eine Instanz gerade noch weckt, bevor wir in Panik ausbrechen, aus Schutz sozusagen. Nun ist ein Falltraum wie die meisten anderen Träume auf zwei Ebenen zu untersuchen. Auf der konkreten Ebene sollten wir den Traum als Hinweis nützen, in den letzten Tagen irgendetwas übersehen zu haben, was zu einem Sturz führen könnte, ein defektes Treppengeländer etwa oder eine Beschädigung an unserem Fahrrad. Lässt sich nichts feststellen, dann hat der Traum eine metaphorische Bedeutung.

Löst das Fallen im Traum Angst aus, hat der Träumer auch tatsächlich Angst zu *fallen*. Es gilt nun festzustellen, was ›fallen‹ bedeutet: Fallen im Sinne von: *Imageverlust* oder den (finanziellen) *Status verlieren*? Die *Ehre als Frau* verlieren? *Sich fallen lassen* heißt in unserer Sprache auch die *Kontrolle aufgeben*, sich auf etwas *einlassen* können, *loslassen* können. Dies setzt Vertrauen und Selbstsicherheit voraus. Daran mangelt es vielen Menschen. Darum brauchen sie Kontrolle, um sich sicher vor anderen Menschen, in einer neuen Umgebung oder vor neuen Tätigkeiten zu fühlen. Sie fürchten vor allem, die Kontrolle über die eigenen Gefühle zu verlieren. Ein mit Angst besetzter Falltraum ist also ein Konflikttraum, der uns mitteilen will, dass die Kontrolle aufgegeben oder zumindest gelockert werden muss. Welche Kontrolle genau, lässt sich aus weiteren Details des Traums oder notfalls auch durch nachfolgende Träume ersehen. Natürlich spielt die gegenwärtige Lebenssituation eine auslösende Rolle.

Helga, eine Frau von fünfundfünfzig Jahren, erzählt folgenden Traum:

Ich beobachte, wie eine in ein langes weißes Gewand gehüllte Gestalt sich kopfüber und wie im Schwindel drehend von einem hohen Berg hinabstürzt. Ich schaue fasziniert zu, bin verwundert, aber nicht beunruhigt.

Da es sehr hilfreich ist, die Traumsituation so weit wie möglich darzustellen, lasse ich sie Traumgestalt spielen. Dazu steigt sie auf einen Tisch und nimmt eine Stellung ein, ganz so, als bereite sie sich auf einen Kopfsprung vor. Sie steht lange schweigend oben, ganz in sich versunken. Dann erkennt sie, dass sie selbst gemeint ist. Ganz im Gefühl des Traumes, in einer tiefen Trance, aber wach, sagt sie: *Ich bin jetzt in Licht gehüllt. Es ist warm und angenehm. Langsam und sachte gleite ich abwärts. Es ist ein gutes Gefühl.*

Sie erzählt, dass sie in ihrem Leben immer wieder Fallträume hatte, jedes Mal mit Angst. Dieses sei der erste Traum dieser Art, bei dem sie nur Verwunderung verspürt habe. Darum sei sie auch so neugierig gewesen. Sie wisse nun, was *Fallen* für sie bedeute. Ihr ganzes bisheriges Leben lang habe sie mit größter Disziplin und Anstrengung gelebt. Pflicht sei ihr oberstes Gebot gewesen. Durch die *Umstände* gezwungen, habe sie es sich nie leisten können, auch einmal *schwach* zu sein, ihre weichen Gefühle und Bedürfnisse auszuleben. Erst in der letzten Zeit lerne sie, ihren Wünschen nachzugeben und richtig zu faulenzen, einfach nichts zu tun und sich trotzdem gut zu fühlen. Ihre Psyche machte ihr Mut, so weiterzumachen und stellte ihr auch die dazu nötigen Ressourcen zur Verfügung.

Dass ein Lern- und ein Wachstumsprozess im Gange waren, sah Helga darin, dass sie nicht erschreckt war, im Gegensatz zu früheren Träumen. Dass sie sich aber noch nicht ganz frei von Kontrolle fühlte, erkennt man daran, dass ihr Unbewusstes ihr erst einmal eine Projektion ihrer selbst sendete. In diesem kurzen Traum gibt es gleich mehrere Wortspiele und Symbole. Die Frau im langen weißen Gewand sieht aus wie eine Prophetin und ist das Symbol der *weisen* Frau. Sie verkörpert die inneren Ressourcen von Helga. Während des Traumspiels fließen Helga diese Kräfte zu. Sie erlebt sich wie in Licht gehüllt und wirkt ganz gelöst und sehr mit sich im Einklang. Hier ist auch ein Wortspiel zu erkennen: *weiße* Frau = *weise* Frau. Diese Frau stürzt *kopfüber* (= ohne die geringste Überlegung, spontan) und sich wie im *Schwindel drehend* (= ohne die Kontrolle des Verstandes) hinunter von einem Berg (Symbol für Bewusstsein, Pflichterfüllung, Disziplin, Aufgabe).

Bei dem folgenden Traum scheint die Träumerin hingegen zur Vorsicht gemahnt zu werden. Ihr täte etwas Vorsicht gut. Sie braucht gerade Kontrolle vor Aktionen, um sich vor Gefahren und Fehlschlägen zu schützen. Die Träumerin ist eine allein lebende, sehr lebhafte und aktive Frau.

Ich stehe an einem geöffneten Fenster in einem zartgelben Palazzo mit weiß umrandeten Fenstern. Vor dem Fenster ist ein Altan, der brüchig ist. Hinter mir im Raum steht mein Vater. Er sagt mir: Vorsicht! Der ist brüchig. Aber ich bin so neugierig, dass ich einen Schritt vorgehe und mich hinunterbeuge, um zu sehen. Da stürze ich tatsächlich ab, komme aber nirgends an.

Bruni schildert sich als sehr spontan, sehr unternehmungslustig und sehr neugierig. Sie unternimmt viele Reisen. Der Palazzo erinnert sie an Italien und ihre Reisen, die sie als junges Mädchen oft dorthin machte. Manche ihrer heutigen Fernreisen werden von ihrer Familie als leichtsinnig bewertet. Auch ihre Lebhaftigkeit wird oft kritisiert. Sie ist als Kind zu oft zur Vorsicht gemahnt worden. Ihre Initiative und Spontaneität sind stark abgebremst worden, sodass sie sich nach und nach erst recht über alle Verhaltensmaßregeln hinweggesetzt hat, natürlich auch über ihre eigenen verinnerlichten. Sie erkennt, dass sie irgendwie chronisch trotzig ist, regelrecht gefangen. Im Bereich ihrer Freizeitgestaltung ist sie mehr oder weniger ein Kind geblieben. Sie handelt ganz spontan, dabei aber auch oft zu unüberlegt. Sie ist zwar *leichten Sinnes*, manchmal aber leider auch *leichtsinnig*. Ihre Abenteuerlust hat sie tatsächlich schon einige Male in riskante Situationen gebracht, so wie es der Traum ganz deutlich macht.

Fliegen

Das Fliegen im Traum wird meistens von einem Gefühl von Freiheit und Leichtigkeit begleitet. Gibt es einen Bereich in Wachleben, in dem wir das Gefühl haben, *high* zu sein, uns *frei wie ein Vogel, über den Dingen schwebend* zu fühlen? Oder wünschen wir uns einfach, einen *Abstand von oben auf den Alltag da unten mit seinen Mühen und Pflichten* zu haben?

Sie können das gute Gefühl im Traum einfach genießen und es dabei belassen, oder einen Schritt weitergehen und schauen, wie Sie Ihr Leben in dem einen oder anderen Bereich oder auch im Ganzen so ändern, dass Sie sich freier fühlen.

Das Fliegen kann auch als einzige Möglichkeit der Flucht vor etwas Bedrohlichem erlebt werden. Ich erinnere mich einer Klientin, die als junges Mädchen einen Serientraum hatte, indem *sie vor einem fremden Mann flüchtete, der sie mit einer Pistole verfolgte. Nur durch eine merkwürdige Art des Fliegens konnte sie sich retten.*

In einer tiefen Trance erlebte sie noch einmal die Erschütterung und die Demütigung eines traumatischen Erlebnisses in ihrer Kindheit, das sie total verdrängt hatte. Der Traum aber dramatisierte die Panik des Kindes. Auf Traumebene konnte sie sich nur *retten*, indem sie sich hoch in die Luft erhob. Im Traumspiel wurde ihr nach und nach die Bedeutung von *Fliegen* in ihrem besonderen Fall klar. Sie konnte sich in der *ursprünglichen* traumatischen Situation nur *retten*, indem sie sich in Gedanken ganz hoch in die Luft erhob. Ihr Bewusstsein, ihr Ich, konnte von oben aus auf ihren Körper unten sehen. Sie erlebte einen klassischen Zustand der Dissoziation. Sie war sehr erleichtert, als sie dies erkannte. Sie war überzeugt, dass sie die Ursache erkannt hatte für Schwierigkeiten in einer sexuellen Beziehung.

Nacktsein

Meistens steht man nackt vor fremden Menschen und fühlt sich bloßgestellt und beschämt. Eine peinliche Situation. Genau dies will die Traumkraft auch ausdrücken. Die versteckten Wünsche und Absichten, die einen solchen Traum auslösen können, sind jedoch durchaus nicht so negativ, dass man sich ihrer zu schämen brauchte. Es ist sozusagen das kleine Kind in uns, das sich *schämt*. Der Traum weist auf eine getrübte Selbstsicht hin, die wir berichtigen sollen.

Eberhard, gut aussehend und sympathisch, erzählt: *Ich bin nackt in einem fremden Hotel. Ich sehe die Leute im Speiseraum. Sie sind gut angezogen, zurückhaltend. Der Raum ist schön und elegant eingerichtet.* Zum Traumgefühl sagt er: *Ich gebe mir eine Blöße. Ich schäme mich.* Auf meine Frage: *Worin würdest du dir eine Blöße geben?*, meint er: *Ich würde gern mal etwas ganz anderes, etwas ganz Verrücktes tun, traue mich aber nicht.*

In einfachen Verhältnissen aufgewachsen, wurde er immer wieder ermahnt, nicht aufzufallen und sich unauffällig zu verhalten. *Zurückhaltend* zu sein, wie die *feinen Leute* in seinem Traum in dem schönen Hotel. Sein *inneres Kind* hat das verinnerlicht. So möchte er sein. Er möchte *dazugehören*, aber er fühlt sich nicht wohl. Er ist in einer *fremden* Umgebung, was durch das Symbol des Hotels noch verstärkt wird. In einem Hotel sind wir nur Gast. Es ist nicht unser Zuhause.

Seine Traumkraft signalisiert ihm, dass er nicht in diese Umgebung und zu diesen Leuten passt. Eberhard gibt zu, dass er sich auch in der Wirklichkeit zunehmend unzufrieden in seiner eigenen Umgebung fühle, zu angepasst, zu glatt und zu höflich. Er fühle sich immer mehr wie ein Schauspieler, der eine Rolle zu spielen habe und dabei aber nicht *er selbst* sei.

Es fehle ihm an Lebendigkeit und Spontaneität. Ein Teil von ihm möchte etwas Verrücktes tun, und darüber schäme er sich.

Das Traumbild drückt diesen Konflikt aus. Auf meine Frage, was denn so verrückt wäre, meint er, dass er schon seit Langem einen breitrandigen Hut und eine grüne Jacke tragen möchte, und dies ganz besonders in seinem Heimatort, wo es ihm am schwersten falle. *So etwas Auffälliges tragen sonst nur die Künstler. Sie können es sich erlauben. Doch ich habe kein Anrecht darauf. Was leiste ich schon?* Diesen Wunsch hat Eberhard schon seit seiner Jugendzeit. Den Hut und auch die Jacke besitzt er auch schon länger. Doch er hat beides bis heute nicht getragen, weil er befürchtet, die Leute würden ihn deswegen kritisieren. Die Bedeutung dieses Traumsymbols ist sehr stark. Es ist bereits in einem anderen Traum erwähnt worden.

Ausfallende Zähne und Haare

Wenn Sie träumen, dass Ihnen die Zähne ausfallen, dann vereinbaren Sie zunächst einmal einen Besuch mit Ihrem Zahnarzt. Oft übersehen wir im Laufe des Tages die minimalen Zeichen einer krankhaften Veränderung an unseren Zähnen.

Sind die Zähne jedoch in Ordnung, so sind sie metaphorisch zu verstehen. Es hilft Ihnen dann die Frage weiter: *Was bedeuten mir meine Zähne?* Für viele Menschen sind die Zähne das Bild für äußere Erscheinung, Selbstbild, Ansehen. *Welchen Eindruck mache ich auf andere?* Die *Zähne verlieren* hieße dann so viel wie das *Ansehen verlieren*, das *Gesicht verlieren*.

Für andere Menschen wiederum stehen Zähne für: *Zubeißen können*, was so viel bedeutet wie *entschlossen* handeln. Als Baby lernt der Mensch, *entschlossen* mit den Zähnen die Nahrung zu fassen und zu zerkleinern. Zähne sind eine Metapher für *Zupackvermögen* im näheren Sinne. Das kommt auch in der Redewendung *Biss haben* zum Ausdruck.

Im weiteren Sinne stehen Zähne für *Aggression*. **Verlieren** wir die Zähne im Traum, sollten wir prüfen, in welcher Situation uns die nötige *Aggression* fehlt. Damit meine ich Herangehen, Elan, Schwung, Entschlossenheit. Aber auch Wut als natürliche Reaktion auf eine erlittene Ungerechtigkeit.

Die Redewendungen *auf die Zähne beißen* und *mit den Zähnen knirschen* meinen auch so viel wie: den Unmut und die Wut zurückhalten, die aggressiven (d. h. nach außen gerichteten) Impulse kontrollieren. Menschen, die im Schlaf mit den Zähnen knirschen, haben meist verdrängte und daher unbewusste Aggressionen.

Zähne können auch einen sexuellen Aspekt darstellen. Man möchte den geliebten Menschen manchmal *auffressen* und beim Liebesspiel *beißen*. Der Verlust der Zähne könnte dann ein Hinweis auf sexuelle Probleme sein.

Eine Frau berichtete mir, dass sie von ausfallenden Zähnen geträumt habe, obwohl sie bereits ihre dritten Zähne trüge. Sie konnte sich keinen Reim drauf machen. Auf meine Frage, was ihr die Zähne bedeuteten, antwortete sie spontan: *Sie haben mich viel Geld und auch viel Schmerzen gekostet.* Darauf fragte ich sie, ob sie zurzeit das Gefühl habe, in einem bestimmten Lebensbereich etwas zu verlieren, was ihr kostbar und auch mit Schmerzen verbunden sei. Nach kurzer Überlegung konnte sie die Frage bejahen.

Es ist sogar möglich, einen einzelnen Zahn als Symbol für die ganze Person zu verstehen. Dazu habe ich, während ich dieses Buch überarbeite, eine Information aus der geistigen Welt gelesen, die genau das anschaulich vermittelt:

»Wenn Ihr nun in Relation dazu setzt ein menschliches Wesen, das ist auch etwas sehr, sehr schwer Zerstörbares insgesamt. Ein einzigartiges, menschliches Wesen in seiner ganzen Göttlichkeit, das alles, was es ist, in diesem irdischen Spiel ganz individuell entfalten könnte, samt Körper und Persönlichkeit. Es wird aber bei Eintritt in dieses Leben überschwemmt mit Programmierungen wie z. B. ›Du darfst nicht, du kannst nicht, das geht nicht, du musst, du sollst …!!!‹, und wenn man nun so einen Zahn sieht, der ist umhüllt von Zahnfleisch, also von Stütz- und Haltegewebe. Wir könnten bei der menschlichen Persönlichkeit dazu sagen, das wären die Betreuungspersonen, die Halt geben, die umsorgen und ein Bett gewährleisten.

Dieser Zahn nun steckt wiederum mit seiner Wurzel in einem Knochenboden, also vergleichbar dem Erdboden, geerdet sein, autark sein im eigenen System oder mit beiden Beinen auf dem Boden stehen. Und dann kennt Ihr ja die Geschichte, wenn Ihr Euch falsch ernährt, ständig Zuckerbakterien im Mund habt oder aggressive Nahrungsreste, dann gibt es da die kleinen Keime und Bakterien, also Fremdprogramme, und die greifen Euch dann an bzw. diesen Zahn. Die nehmen sich vor, diesen Zahnschmelz anzubohren, damit sie dort Nahrung bekommen. Sie versuchen also sozusagen, diesem Menschen den eigenen Boden brüchig zu machen, ihn zu durchlöchern, wenn wir von der ›Feindvariante‹ ausgehen wollen, in ihn einzudringen und ihre Fremdprogramme dort unterzubringen. Wenn sie dann über den Zahn selbst, über das Zahnbein oder den Schmelz nicht erfolgreich genug sind, dann geht es sogar noch weiter. Sie infiltrieren über das Zahnfleisch den Zahn bis zur Wurzel hin, die im Knochen steckt, sie dringen also sozusagen bis in Eure Grundfesten vor, bis zu Eurer tiefsten, stabilen Verwurzelung.

Und die Abfallprodukte dieser Keime und Bakterien verursachen dann über kurz oder lang Entzündungen, Störungen, Schmerzen. Und es kann sogar so weit gehen, dass Eure Zahnwurzel, die im Knochen fest verankert ist, locker wird, der Zahn also zu wackeln beginnt. Wenn Ihr also nicht jeden Tag Eure Zähne und Zahnzwischenräume ›reinigt‹, also alles, was nicht Eures ist, wieder hinausbringt oder eliminiert, vor allem über Nacht, also symbolisch gesehen Fremdprogramme, die über Euer Unterbewusstsein im Dunklen weiterarbeiten, ohne dass Ihr es merkt, dann habt Ihr irgendwann die schönsten Probleme.

Das kann so weit gehen, dass sich der Knochen regelrecht zurückbildet durch diese ständigen Entzündungsherde bzw. Kampfstätten (Entzündung = Konflikt = Wut, Aggression, nicht ausgedrückte Gefühle usw.!) und es dann so weit kommt, dass der Zahn ausfällt. Das heißt im Grunde, dass Ihr Euch über viele, lange Jahre hinweg nicht wirklich selber liebt, sondern Ihr habt diese ganzen Fremdprogramme in Euch, die arbeiten dort im Untergrund, treiben dort ihr Unwesen, nähren sich ständig von Euch und Ihr glaubt auch noch, dass das in Ordnung ist so.« (Marani Verlag)

Genauso habe ich den an anderer Stelle erwähnten Traum über einen ausfallenden Zahn auch nach und nach zu verstehen gelernt. Ich habe eine Erfahrung um die andere gemacht, die sich alle mehr oder weniger um den Prozess des *Eliminierens der Fremdprogramme* gedreht haben.

Auch wenn Sie **Haare** im Traum **verlieren**, stellen Sie sich die Frage, was sie für Sie bedeuten. Haare haben bei vielen Menschen die Bedeutung von sexueller Identität. Verliert eine Frau Haare, dann mag sie sich in ihren weiblichen, fürsorglichen und zarten Anteilen verletzt fühlen. Ein Mann dagegen könnte Probleme um seine Männlichkeit haben. Die Gefühle der Verletzung oder des Verlustes müssen nicht immer ganz bewusst sein. Vielmehr leidet die Seele darunter und drückt dies über einen Traum aus.

Fund von Geld und Wertsachen

Wenn Sie irgendwelche Wertsachen finden, könnte ein bevorstehender finanzieller oder ideeller Gewinn gemeint sein. Einen interessanten Zusammenhang zwischen Traum und Leben sah eine Frau im folgenden Traum: *Ich finde 400 000,– DM auf der Straße.* Zwei Tage später lernte sie einen wohlhabenden Mann kennen, dessen Telefonnummer addiert 4 ergibt.

Bei den meisten Träumen dieser Art dagegen geht es allerdings um ideelle Werte. Der Traum gibt einen Hinweis auf innere Ressourcen, die dem träumenden Menschen zur Verfügung stehen. Ganz typisch dafür ist das gute Gefühl während des Träumens und beim Aufwachen. Diese inneren Kräfte fließen nach und nach deutlich ins Leben hinein. Besonders in Krisenzeiten sind Träume dieser Art tröstend und aufbauend.

Eine junge Frau träumte in bestimmten Zeitabständen, *dass sie eine 5-DM-Münze auf der Straße liegen sieht. Sie hebt die Münze auf und freut sich. Danach fängt sie an zu suchen und findet immer mehr, bis sie schließlich eine ganze Hand voll davon hat. Sie hat ein richtig gutes Gefühl dabei, so als habe sie einen Schatz gefunden.*

Der Traum ist als Kompensationstraum zu verstehen. In Zeiten, in denen diese Frau ihr Leben als eintönig und arm an Freude erlebte, brachte ihr der Traum einen Trost. Die gute Stimmung des Traumes hielt den ganzen Tag über an. Darüber hinaus hat die Träumerin den Sinn des Symbols für sich herausgefunden. Dabei half ihr der Hinweis, dass Silber ein Bild für Weiblichkeit ist. Die 5-DM-Münze ist eine Silbermünze. Die Frau hat im Traum also weibliche Werte gefunden. Das hat ihr Mut gemacht, ganz bewusst ihre Weiblichkeit zu entdecken und zu entwickeln.

Eine Frau aus der Traumgruppe hatte kurze Zeit nach der Trennung von ihrem Mann folgenden Traum:

Ich gehe über eine weite, öde Landschaft. Das Licht ist düster. Ich trage einen großen flachen Weidenkorb am Arm und bin dabei, weiche und bunte Seidenkissen, die wie Blumen aus dem Boden wachsen, zu pflücken und im Korb zu sammeln.

Der trübe Hintergrund drückt ihre innere Stimmung aus. Sie wurde nach der Trennung nur noch von ganz wenigen Menschen eingeladen. Sie musste erst lernen, allein etwas zu unternehmen. Sie fühlte sich einsam. Doch ihre Seele tröstete sie. Die weichen bunten Seidenkissen deutete sie gleich als Zuwendung und nette Worte von anderen Menschen, welche sie wärmten. Sie selbst drückte sich gern ein Sofakissen auf den Bauch, wenn sie sich in der Gruppe etwas unsicher fühlte und Geborgenheit brauchte. Die Zuwendung kann sie suchen, d. h. sie kann selbst etwas dafür tun, die Zuwendung von anderen zu erhalten. *Geh aktiv auf andere zu*, war die Botschaft des Traumes. Ihre Psyche hat dazu ein faszinierendes Bild entstehen lassen.

Verlust von Geld und Wertsachen

Zuerst einmal, auf der ganz sachlichen Ebene, prüfen Sie nach, ob Ihre Wertsachen, Brieftasche, Handy, Schlüssel, greifbar sind. Es könnte sein, dass Sie am Vortag unterschwellig Reize aufgenommen haben, die auf einen Verlust hinweisen, worauf Sie Ihr Unbewusstes hinweisen möchte. Oder Ihre Wertsachen sind nicht genügend gesichert, sodass ein Diebstahl oder Verlust eintreten könnte.

Liegt nichts dergleichen vor, ist der Traum im übertragenen Sinne zu verstehen. Schmuck, Geld oder sonstige Gegenstände von Wert stellen Werte im ideellen Sinne dar. Oft müssen alte Wertvorstellungen aufgegeben werden, damit Neues sich entfalten kann. Um welche Werte es sich handelt, lässt sich mit Hilfe der Traumbilder klären.

Eine Patientin, Hilda, erinnert sich an folgenden Traum:

Ich habe meinen Schmuck draußen ausgebreitet, um ihn zu bewundern. Dann werde ich durch irgendwelche Leute in Anspruch genommen, sodass ich den Schmuck allein liegen lasse. Dabei kann ich jedoch beobachten, dass Menschen an den Dingen vorbeifahren und sich Stück um Stück mitnehmen. Ich muss dann mit großer Mühe die Teile wieder einsammeln.

Mit Schmuck sind ihre weiblichen Aspekte gemeint: Fürsorglichkeit, Mütterlichkeit. Ihre Mutter hatte sie ihr vermittelt und vorgelebt, allerdings mit der Einschränkung, dass sie die *einzigen* Eigenschaften der Frau seien. Das Hauptgewicht lag auf *Dienen als Frau* und *Sorgen als Mutter*. Freude und Stolz darauf, eine eigenständige Frau zu sein, die eigene Erotik und Sexualität zu schätzen und zu genießen, waren dagegen ausgeschlossen. Dieser Mangel war Hilda lange nicht bewusst. Gewohnt, auf andere *einzugehen*, wurde sie Lehrerin und Mutter. Ihre eigenen Bedürfnisse als Frau spürte sie nur gelegentlich. Als sie noch verheiratet war, wertete sie die beruflichen Belange ihres Mannes höher als ihre eigenen.

Der Traum zeigt diesen Konflikt. Sie will sich ihrer weiblichen Qualitäten *(Schmuck)* bewusst werden und sie für sich nützen, doch sie lässt sie sich von anderen einfach so wegnehmen. Im Verlauf ihrer Arbeit am Traum wurde es für sie immer wichtiger, ihren Schmuck zu schützen und sich nicht dabei ablenken zu lassen. In der Realität hieß das für sie, achtsam mit ihren weiblichen Werten umzugehen, besonders in einer Liebesbeziehung.

Auch im folgenden Traum verlor sie etwas, weil sie unaufmerksam war. Ihr wurde bewusst, dass sie sich zu schnell auf einen Menschen, der ihr gefiel, emotional einließ und sich nicht genügend Zeit gab, diesen Menschen näher kennenzulernen. Sie fasste ein kindliches Vertrauen zu ihm und ließ es an weiblicher Stärke und Klugheit fehlen:

Ich gehe einen Abhang hinunter. Es ist eine Wiese. Die ersten Frühlingsblumen sind am Erblühen. Es gehen viele Menschen hinunter. Da merke ich zu spät, dass ich meine weinrote Handtasche verloren habe. Ich kann nicht feststellen, ob sie mir entrissen wurde oder ob sie mir von der Schulter geglitten ist.

Die Handtasche einer Frau enthält außer Geld und Kosmetikartikel auch die Ausweispapiere. Ich kenne keine Frau, die sich von einem anderen Menschen gern in ihre Handtasche schauen lässt. Sie kann als Symbol für einen ganz intimen Innenbereich gesehen werden. Es ist Frühling. Auf der Wiese blühen Blumen, ein Hinweis auf neues Leben.

Die Träumerin bezog diese Bilder auf ihre innere wachsende Weiblichkeit und auf ihre Beziehung zu Männern, die sich auch veränderte. Die Farbe weinrot unterstreicht den vitalen und gefühlvollen Aspekt des Themas. Sie entwickelte ein gesundes *Misstrauen* und lernte, sich besser abzugrenzen und zu schützen, ohne sich zu verschließen. Sie fühlte sich dadurch stärker und gelassener. Sie lernte, ihre Bedürfnisse an Erotik und Sex in einem neuen Licht zu sehen, zuzulassen und zu genießen. Die Träume brachten einen wesentlichen Entwicklungsprozess bei ihr in Gang.

Schwangerschaft, Geburt

Eine Schwangerschaft oder eine Geburt im Traum zeigen auf das Entstehen von etwas Neuem hin. In den wenigsten Fällen ist damit die physische Geburt eines Kindes gemeint. Meist bezieht sich das Bild auf neue Möglichkeiten, auf Erweiterung des Bewusstseins und somit auf einen grundlegenden Wandel im Leben und ist positiv zu verstehen.

Eine junge Frau träumt, dass sie schwanger unter der Dusche steht und von drei jungen Männern umgeben ist. Sie fühlt sich sehr wohl und geborgen unter deren Schutz und umgeben von deren Liebe und Zuneigung.

In ihrem Alltag sieht es ganz anders aus. Sie ist weder schwanger, noch hat sie einen Freund. Sie braucht eine ganze Menge Energie, um sich in ihrem neuen Beruf zu behaupten. Sie ist dabei ganz allein. Privat sehnt sie sich nach einer liebevollen partnerschaftlichen Beziehung. Umso erstaunter und beeindruckter ist sie von ihrem Traum. In der Beschäftigung damit erkennt sie, dass die drei jungen Männer eigene männliche Anteile von ihr darstellen. Sie helfen ihr dabei, neue Eigenschaften wie Mut, Zielstrebigkeit und Ausdauer zu entfalten. Die Schwangerschaft im Traum weist also auf ein Wachstum ihrer Persönlichkeit hin.

Ein anderes Mal träumt sie:

Ich bringe ein Baby zur Welt. Ich entbinde auf der Straße, weil ich arm und in Bedrängnis bin. Ich habe keine Wäsche für das Kind. Ich wickle es notdürftig in ein Kleidungsstück von mir ein und habe viel Freude dabei.

Obwohl die Umstände der Geburt so dürftig und unfreundlich sind, hat die junge Frau Freude, ein Kind zu gebären. Das Kind stellt ihr eigenes *inneres Kind* dar, welches im Verlauf der Therapie mit vielen ernüchternden Erkenntnissen neu geboren wird.

Eine vierzigjährige Frau, deren Mutter fünf Jahre zuvor gestorben ist, hat einen Traum, den ich unter dem Symbol *nahestehende Menschen* bereits erwähnt habe. Hier liegt der Fokus auf *Schwangerschaft: Meine Mutter ist schwanger. Der Test beim Arzt ist positiv. Ich bin ihr gegenüber skeptisch. Doch sie sagt: Es stimmt, das Kind kommt schon!*

Durch das Traumspiel ergibt sich, dass eine neue Haltung sich selbst gegenüber entsteht. Sie wird geduldiger zu sich, lockert die Ansprüche an sich. Geduld, Toleranz und Gelassenheit sind Eigenschaften, die eine gute Mutter ihrem Kind gegenüber braucht. Um dies zu veranschaulichen, wählte ihre Traumkraft das Bild der eigenen Mutter. Ihr nüchterner Verstand, ihre sachliche Fähigkeit zu Kritik sind noch skeptisch. Doch ihre Psyche schickt ihr aus einer tieferen Schicht die Botschaft, dass die fürsorglichen Eigenschaften am Wachsen sind.

Im Traum kann auch ein Mann schwanger sein oder ein Kind gebären. Die Einzelheiten des Traumes helfen herauszufinden, ob es sich um eine neue Idee, ein konkretes Vorhaben handelt, oder ob der Traum sich eher auf seine vernachlässigten und/oder unbewussten Gefühle bezieht. Vielleicht wollen auch lange zurückgedrängte, kindlich-spielerische, spontane und kreative Seiten wieder lebendig werden.

Tod, Friedhof

Für das Traumbewusstsein ist der Tod kein Zeichen für das Ende des Lebens, sondern für einen Wandlungsvorgang. An die Stelle dessen, was im Traum stirbt, tritt etwas Neues. Dies sind neue Werte, Pläne, Ressourcen.

Deutlich kommt das in Träumen zum Ausdruck, in denen nahestehende verstorbene Personen des Träumers erscheinen. Dies gilt besonders dann, wenn der Tod dieser Personen noch nicht lange zurückliegt. Es kann vorkommen, dass Verstorbene im Traum ganz lebendig sind und dem Träumer mitteilen, dass sie wirklich *gegangen* seien, dass er diesen ihren Tod endlich zu akzeptieren habe.

Oder der Träumer freut sich im Traum sehr darüber, dass die Toten wieder belebt sind, bis er jäh erfasst, dass er nur träumt. Das zeigt, dass sein Herz bis zu diesem Moment den Tod des geliebten Menschen noch nicht wahrhaben wollte, jetzt aber um ihn trauern kann.

Es kann auch bedeuten, dass den Träumer ein ungelöstes Problem beschäftigt, welches mit dem Verstorbenen zusammenhängt. Dann kann der Traum daran erinnern, die möglicherweise noch nicht ausgedrückten Gefühle dem Toten gegenüber auszudrücken, um dann innerlich Abschied nehmen zu können.

Vielleicht besteht ein Bedürfnis, dem Verstorbenen zu sagen, wie sehr er geliebt wurde, was zu seinen Lebzeiten nie ausgesprochen worden ist. Vielleicht gilt es, sich von einem Schuldgefühl zu befreien oder eine lang zurückgehaltene Wut auszudrücken. Die psychische Energie erlaubt kein Verweilen beim geliebten Toten, sie ermuntert zu leben und vorwärts zu schauen.

Lebende Angehörige und Freunde im Traum sind

selbst gemeint, können aber auch eigene innere Aspekte darstellen. Sind diese Menschen aber schon lange verstorben, dann gilt es zu schauen, welche eigenen Anteile über die Traumfigur erkannt werden sollen. Ich erinnere hier an den Traum einer Frau, den ich an anderer Stelle schon angeführt habe, in dem ihr längst verstorbener Vater erscheint.

Ich selbst habe im Verlauf meiner Therapie einige Male von meinem kleinen Bruder geträumt, der im Alter von fünf Jahren gestorben ist, als ich selbst neun Jahre alt war. Im ersten Traum *ist er krank. Ich weiß, dass er sterben wird.* Im letzten Traum *stehe ich vor einem Kindergrab und lege Blumen darauf. Ich weiß, dass es sein Grab ist, obwohl kein Name angebracht ist.*

Ich fragte mich, was mich immer noch unbewusst mit ihm verbindet. Ich erinnere mich gut an ihn, hatte ihn sehr lieb und beschäftigte mich als Älteste von drei Kindern sehr viel mit ihm. Ich ging also in ein Traumspiel hinein und ließ ihn reden. Dabei wurde mir immer deutlicher bewusst, dass er sich im wirklichen Leben oft hilflos zeigte, damit ich mich ihm zuwandte. Seine Hilflosigkeit war also ein Trick, um Zuwendung zu erhalten. Im Nachhinein merkte ich, dass er ganz clever war und über seine Krankheit (er war körperlich behindert) immer wieder zum Mittelpunkt der Familie wurde, ja, dass er die anderen regelrecht manipulieren konnte.

Während der Traumarbeit wurde ich ärgerlich auf ihn, sehr ärgerlich, was ich nicht war, als er noch lebte. Zumindest kann ich mich nicht daran erinnern. Da meine Eltern ihn schonten und verwöhnten und diese Haltung auch von uns beiden Geschwistern forderten, habe ich damals meinen Groll auf ihn verdrängt. Insgeheim blieb der Groll in mir. Wie stark als Kind gelegentlich mein Hass auf ihn gewesen sein musste, erkannte ich daran, dass ich einmal träumte, ich wolle ihn umbringen. Später wurde ich jungen Männern gegenüber, die irgendwie unbeholfen waren oder wirkten, sehr schnell ärgerlich, ohne dass ich mir dies erklären konnte. Nun konnte ich das verstehen. Mehr noch, ich musste mir eingestehen, dass ich selbst lange Zeit über Kopfschmerzen Beachtung bei anderen gefunden hatte. Ich erkannte dabei nicht die unbewussten Zusammenhänge, dass ich nämlich das gleiche Muster wie mein Bruder hatte. Für mich bedeutete dieser Traum, dass ich den lange verdrängten Groll gegen meinen kleinen Bruder endlich ausdrücken und dann auflösen konnte. Dass ich ihn *beerdigen* konnte.

Wie in diesem sind in den meisten anderen Träumen **Tod** und **Friedhof** als Persönlichkeitsanteile der träumenden Person gemeint, die irgendwie *tot* sind oder *sterben* sollen, um Raum für Neues zu schaffen.

Dies kommt ganz deutlich in dem nachfolgenden großen Traum einer Frau zum Ausdruck. Sie hat drei Kinder aufgezogen, die inzwischen auf eigenen Füßen stehen. Außerdem ist sie ihr Leben lang berufstätig gewesen. Sie hatte nie richtig Zeit für sich selbst.

Im Traum geht sie einen weiten und schwierigen Weg. Sie ist ganz erschöpft dabei. Zwei Hunde halten sie auf ihrem Weg auf. Von einem wird sie fast gebissen.

Danach trifft sie auf ein Pferd, das sie immer mehr in die Ecke eines Gatters drängt. Schließlich steht sie mit dem Rücken zu einer Wand und findet keinen Ausweg mehr. Da steht vor ihr der Tod: – Du? fragt sie beklommen und erschrickt. – Ja, sonst hat dir doch niemand geholfen! Komm mit! Der Tod hat eine weiche und besorgte Stimme und liebevolle Augen. Er nimmt sie an die Hand und führt sie zu einem jüngeren Mann und einer jungen Frau, die beide erklären, jetzt für sie zu sorgen.

Die Träumerin sieht rückblickend ihr Leben genau-

so schwierig und mühevoll, wie es der Weg im Traum
ist. Das Leben hat ihr auf viele Fragen die Antwort
verweigert. Ihre Erwartungen sind nicht erfüllt worden. Sie stellt sich jetzt die Frage: *Soll das alles gewesen
sein? Gibt es nicht noch mehr?* Sie erkennt in der Beschäftigung mit dem Traum nach und nach, dass alles,
was bisher ihr Leben ausmachte, sterben muss. Dazu
zählt sie vor allem ihr Pflichtgefühl, fast ausschließ-
lich für die anderen da zu sein. Erst dann wird sie sich
begegnen, jünger und vitaler. Die junge Frau und der
jüngere Mann symbolisieren ihre vitale Weiblichkeit
und ihren Animus. Doch vorher muss sie ihre Schat-
tenanteile *(bissiger Hund, bedrängendes Pferd)* erkennen
und integrieren.

Eine andere junge Frau träumt, dass sie *in einem gläsernen Sarg liegt. Neben ihr ist schon das Grab ausgehoben.
Von ferne sieht sie die Trauergesellschaft herbeikommen.
Da wird ihr blitzartig und voller Schrecken bewusst, dass
sie scheintot ist und nahe dran, lebendig begraben zu werden. Mit großer Anstrengung richtet sie sich auf, hebt den
schweren gläsernen Deckel hoch und flieht. Dabei stellt sie
erstaunt fest, dass das auch sehr komisch ist: Die werden
Augen machen, glauben, ich sei tot, und nun ist der Sarg
leer. Geschieht ihnen recht. Ich schlage ihnen ein Schnipp-
chen.*

Zu ihrem Leben erzählt sie: Ich führe ein angepass-
tes, im Grunde recht langweiliges Leben. Mir fehlen
Freude und Spaß. Mein Beruf ist eher ein Job zum
Gelderwerb. Freunde habe ich kaum. Und die Liebe,
na ja, die Liebe schläft. Als sie erkennt, dass ihr Unbewusstes sie als Schneewittchen im gläsernen Sarg
zeichnet, ist sie betroffen über diese Treffsicherheit.
Der Schreck im Traum hat sie wachgerüttelt. Sie beschließt, eine Therapie zu beginnen, um ganz *wach* zu
werden.

Anna träumt: *Ich gehe auf mein Elternhaus zu. Rechts liegt ein Friedhof. Auf dem Weg vor mir liegen mehrere schwarze Kätzchen, die tot sind.*

Hier ist der Tod dreimal symbolisiert: tote Kätzchen, die Farbe schwarz, Friedhof. Sehr eindringlich malt Annas Traumbewusstsein ihr ein Thema aus, das für sie existenziell wichtig ist. Es handelt sich nämlich um ihre weibliche Identität (symbolisiert durch die Kätzchen), die sich in der herben und sexualfeindlichen Umgebung ihres Elternhauses nicht entfalten konnte. Anna weiß darum, fühlt sich aber eher hilflos und hat sich recht und schlecht mit ihrem Leben arrangiert. Der Traum beschäftigt sie jedoch so stark, dass sie ihn verstehen will.

In der Traumarbeit bricht lange zurückgehaltener Schmerz aus ihr hervor, Schmerz über nicht gelebtes Leben. Auch in diesem Traum wirkt die Metapher Tod wie ein Appell, den toten Anteilen zu neuem Leben zu verhelfen.

Gang in die Tiefe

Es geht einen Berg oder eine Straße hinunter. Es kann sich um einen Abstieg an einer Leiter oder auf einer Treppe handeln. Die Art und Weise der Fortbewegung ist bezeichnend. Es kann erregend, beschwerlich und mit Hindernissen verbunden sein. Es kann zu schnell gehen und Angst erzeugen. Zum Verständnis hilft die Frage: *Wo in meinem Leben habe ich das Gefühl abzurutschen, die Kontrolle zu verlieren? Wo rutscht mir der Boden unter den Füßen weg?*

In einem weiteren Sinne ist das Motiv ein Bild für den Prozess unserer Individuation, in dem wir uns der eigenen Tiefe zuwenden. Solche Träume treten häufig

in der Lebensmitte auf und im Verlauf einer Psychotherapie. Einen aufschlussreichen und zugleich, wie
sie damals fand, witzigen Traum berichtete Hilda zu
Beginn ihrer Therapie: *Ich klettere an einem Hochhaus
herunter. Dieses ist aus Schubladen zusammengebaut. Die
vorstehenden Griffe und Kanten sind meine Stützen beim
Klettern.*

Das Hochhaus steht für ihr damaliges Selbstbild,
überhöht und aus *Schubladen* bestehend. Sie hatte so
ziemlich für alles feste Prinzipien, also ein *Schubladen-*
Denken. Sie klettert an dem Haus herunter. Das hieß
für sie: *Ich muss herunter in meine Tiefe.* Ich soll und
kann es aufgeben, alles nach dem Kopf zu steuern.
Kennzeichnend für den Traum ist auch, dass sie sich
außen am Haus – und nicht im Innern – bewegt. Sie
war noch nicht *in sich zu Hause.*

Im weiteren Verlauf der Therapie traten immer wieder Träume auf, in denen sie sich auf dem Weg nach
unten befand, meist draußen an einem Berg. Eine sehr
schwere Krise durchlebte sie, als sie ihre Arbeitsstelle
verlor und fast zur gleichen Zeit eine Liebesbeziehung
zu Ende ging. In dieser Zeit träumte sie:

*Ich befinde mich in einem kleinen Raum. Ich muss zur
Toilette, die sich draußen etwas vom Haus entfernt befindet.
Es ist oben auf einem Heidehügel. Während ich gehe, wird
der Boden schwieriger. Große Felsbrocken und tiefe Spalten
tauchen auf. Dann verändert es sich und wird eine steile
Eis- und Schneebahn, die schmal und wie eine Bobbahn
nach unten führt. Am Anfang ist eine enge Öffnung, durch
die ich mich regelrecht hindurchzwängen müsste. Ich gehe
nicht und lasse erst einmal zwei von mehreren Kindern,
die hinter mir auftauchen, hindurch. Sie rutschen auf dem
Rücken hinunter, werden hochgewirbelt, kommen aber heil
unten an.*

Dieser Traum zeigt, wie einsam und verletzt sich

Hilda fühlte. Das drückt sich durch die karge Heide-
landschaft aus, zu der Hilda sagte, dass allein die Vorstellung der Heide sie schon melancholisch stimme.
Ihr war nach Weinen zumute, aber sie konnte nicht
weinen. Das wird durch das Bedürfnis nach Wasser-
lassen symbolisiert. Sie kann die Toilette aber nicht
erreichen. Die Landschaft verwandelt sich in eine Eis-
und Schneelandschaft. Hier haben wir das Symbol des
gefrorenen Wassers, ein Bild für gefrorene Gefühle.
Tatsächlich hatte Hilda schon gelernt, ihre alten, lang
unterdrückten Wutgefühle zuzulassen. Ihr verdräng-
ter Schmerz dagegen war wie eingefroren. Sie musste
in die *Tiefe ihres Unbewussten* (in ihre Kindheit) zurückgehen, um herauszufinden, warum sie nicht weinen
konnte, wenn sie sehr verletzt und traurig war. Auf
Traumebene sieht das so aus, dass sich das Gelände zu
einem steilen Hang verändert, auf dem sie unweigerlich ins Rutschen käme und keinen Halt mehr fände.

Der Traum gibt einerseits Hildas aktuelle gefühls-
mäßige Lage wieder. Andererseits wirft er ein Licht
auf ihre schwierige innere Situation. Ein Teil von
Hilda, das Traum-Ich, hat noch Angst, den Weg nach
unten ins Unbewusste zu ihren alten schmerzhaften
Gefühlen zu gehen. Es geht ihm zu schnell und tut
weh. Dieser Teil erkennt das Risiko, hält die Kinder
auf der riskanten Rutschbahn aber nicht auf. Das
Traum-Ich verkörpert ihr Erwachsenen-Ich (erkennt
die mögliche Gefahr) und gleichzeitig einen unreifen
Eltern-Anteil, der nicht genügend Verantwortung für
die Kinder übernimmt. Die Kinder sind unbesonnen,
weil sie das Risiko nicht kennen.

Durch dieses Traumelement wurde sie auf ihre
Neigung hingewiesen, ihr *inneres Kind* oft von einem
inneren, ungeduldigen und unsensiblen Eltern-Anteil unter Druck zu setzen, auch in der Therapie. Es

ging ihr mit der inneren Entwicklung oft nicht schnell genug. Der Traum war für sie Anlass, sich genügend Zeit in der Therapie zu lassen und mehr auf ihre kindlichen Bedürfnisse zu achten. Sie entwickelte mit der Zeit eine ganz fürsorgliche innere Mutter, die auf ihr unbesonnenes Kind achtete.

Die Schwierigkeiten beim Gang in die Tiefe können sich auch in Bildern ausdrücken, bei denen man ein Fahrzeug eine abschüssige Straße hinunterlenkt und plötzlich merkt, dass die Bremsen versagen. Oder ein anderes Fahrzeug versperrt den Weg. Der Berg (die Straße) weist auf einmal gefährliche Spalten auf. Der Boden verwandelt sich in eine Müllhalde. Abfallteile, zerstampfte Autowracks und Ähnliches tauchen auf, sodass kein fester Boden mehr unter den Füßen ist. Der Müll steht für seelischen Müll, der auszuräumen ist.

Oft war Hilda allein auf ihrem Traumweg nach unten. Manchmal hatte sie ihre Kleine dabei, ein etwa vierjähriges Mädchen, das ihr immer wieder mal weglief oder unbesonnen in Gefahr geriet. Doch sie schützte es. Manchmal halfen ihr junge Männer bei dem teils schwierigen Weg nach unten. Darin erkannte sie Animus-Anteile, welche sie immer besser integrieren konnte. Manchmal befand sie sich auch in einer Gruppe mit anderen Menschen. Es war tröstlich für sie, nicht allein *unterwegs* zu sein.

Gang in die Höhe

Hier bewegen wir uns einen Berg oder eine Straße hinauf. Wir wollen ins Obergeschoss eines Hauses oder auf die Spitze eines Turmes steigen. Solche Träume haben wir, wenn wir uns innerlich sehr mit einem konkreten Ziel beschäftigen. Dann mag uns der Traum Aufschluss geben darüber, wie unsere Seele dieses Ziel beurteilt. Entsprechend ist der Weg in die Höhe: beschwerlich, voller Umwege, unbegehbar oder leicht und mühelos.

Moni, eine etwa vierzigjährige Frau, schildert: *Ich gehe raus von meiner Arbeitsstelle, um Brotzeit zu machen. Komme im Ort an einem großen Baum vorbei, um den eine Bank angelegt ist, auf der frühere Kollegen gemütlich beim Plausch sitzen. Sie laden mich ein, mit ihnen zu sitzen. Doch ich lehne ab und gehe weiter. Ich komme zu einem Berg. Ich muss da rauf, der Weg ist aber äußerst beschwerlich.*

Traumspiel:

Moni als Berg: *Ich sehe die Moni da unten stehen und zu mir raufschauen. Ich warte, ob sie von allein heraufkommt. Als Berg bin ich etwas Künstliches, von Menschenhand geschaffen, etwas Glattes aus Metall.*

Moni: *Ich muss da hoch. Erst dort oben geht es für mich weiter.*

Berg: *Die Leute sollen da unten bleiben. Auf mir haben sie nichts zu suchen.*

Moni ist sehr erstaunt, dass ein Teil in ihr als Berg so ablehnend ist. Noch mehr ist sie darüber verwundert, dass der Berg künstlich ist und von Menschen geschaffen. Das zeigt, dass ihre Selbstbeschreibung als Berg wirklich aus dem Unbewussten kommt, wie der Traum selbst. Ihr bewusstes Ich hat hohe Anforderungen an sich selbst im Beruf. Der Berg (das Ziel) ist künstlich, von ihr selbst geschaffen. Sie überfordert sich oft, was sich im beschwerlichen Weg hinauf und in der Beschaffenheit des Berges zeigt: *glatt, rutschig und abweisend*. Sie ist auch *abweisend* zu sich selbst. Zum Ausruhen und für Spaß lässt sie sich keine Zeit.

Auch im Traum geht sie auf die Einladung der früheren Kollegen nicht ein. Sie erkennt, dass sie etwas in ihrem Beruf verändern muss.

Sie gestaltet den Traum jetzt um: Ich gehe auf keinen Fall den Weg zurück ins Dorf. Ich behalte mein berufliches Ziel im Auge. Doch der Weg dorthin soll leichter werden. In der Imagination *lässt sie einen halbhohen Berg, gerundet und mit sanften Hängen entstehen. Der Weg nach oben ist breit und bequem und führt in sanften Kurven den Berg hinauf. Sie geht ein Stück den Weg, um auszuprobieren, ob er ihrer Kraft und ihrem Rhythmus entspricht. Sie legt Verschnaufpausen ein und macht auch hie und da eine Brotzeit.*

Ein anderer Aspekt des Motivs ist die Bewusstwerdung von unbewussten Inhalten. Das Motiv tritt häufig im Verlauf einer Therapie auf. Dass dieser Weg nicht immer leicht verläuft und auch mit Hindernissen verbunden sein kann, zeigt der folgende Traum:

Ich bin mit meiner kleinen Tochter zusammen. Wir fahren mit dem Auto einen Hügel hoch. Es ist sehr schwierig und sehr steil. Als wir oben sind, wo der Boden sehr zerklüftet ist, stellen wir fest, dass wir uns verfahren haben. Wir wollen wieder zurück. Wir können mit dem Auto aber den gleichen Weg nicht fahren. Eine andere Straße liegt am anderen Ende des Hügels. Es ist wie ein Umweg.

Der Traum weist auf eine Blockade hin, die der Bewusstwerdung des Themas im Wege steht. Aufgrund meiner langjährigen Erfahrung mit Träumen lässt sich in einem einzigen Spiel das Thema nicht immer herausschälen. Günstig wirkt sich auf jeden Fall eine Imagination aus, in welcher der Weg neu gestaltet wird, und zwar so, dass er leicht und mühelos gegangen bzw. gefahren werden kann.

Das Motiv des Weges, der sich schwierig und gefährlich abzeichnet, sei es nun gerade, nach oben oder

nach unten hin, eignet sich hervorragend zur Umgestaltung in einer Traumarbeit. Wie diese verlaufen
kann, zeige ich im letzten Kapitel.

Redewendungen, Sprachspiele

Mit Hilfe von Bildern und bildhaften Assoziationen zu denken, geht zurück bis zu den Anfängen der Menschheit, als sich die verbale Sprache gerade zu entwickeln begann und das abstrakte Denken noch nicht existierte. Die träumende Seele hat sich diese ursprüngliche Fähigkeit zu denken erhalten. Ihr gelingt es, unmittelbar auf eine sehr komplexe und gleichzeitig sehr subtile Weise eine Erkenntnis oder ein Gefühl mit all seinen Facetten – auch widersprüchlichen – auszudrücken, weitaus ausdrucksvoller, als es Wörter können.

Die Sprache der Träume hat ihre eigene Logik, die sich von der unseres Verstandes unterscheidet, dagegen die Gefühle unseres Herzens ausdrückt. So ist es im Traum ganz natürlich, dass ein Mensch durch ein Tier dargestellt wird, einfach deshalb, weil das Herz tagsüber diesen Menschen in seiner Eigenart auf eine Weise erlebt hat, die ihn an Eigenschaften eines Tieres erinnert. Dies mag auf seine eigene Kindheit und noch weiter bis in die Zeiten der ersten Menschen zurückgehen. Der Höhlenmensch mag einen ihm unsympathischen Bruder wirklich gefährlich wie einen Wolf erlebt haben, bevor er seine Gefühle artikulieren konnte. Der heutige Mensch träumt von einem wilden Wolf, wenn er damit in Wirklichkeit einen unsympathischen Kollegen meint, der ihm tagsüber zu schaffen machte.

Als Kind spielte ich wie viele andere auch mit einem

kuscheligen und weichen Teddybären. Es wunderte mich also nicht, als ich einmal von einem Menschen träumte, den ich am Tag zuvor kennengelernt hatte. Im Traum war er ein *gutmütiger* Bär in Menschengröße, der sich an einem Kachelofen niederlegte und darauf wartete, dass ich zu ihm kam. Das Kuschelige an diesem Menschen, das mein Vertrauen erweckte, wurde von meinem Unbewussten noch dadurch unterstrichen, dass er sich an einen Kachelofen (Inbegriff von Wärme und Gemütlichkeit) legte.

Viele Redewendungen gehen auf körperliche Bewegungen und Aktionen zurück. Damit drückt die Metapher nicht nur den Handlungsverlauf, sondern auch alle damit entstehenden Gefühle aus. Die Sprache wird auf diese Weise anschaulicher und lebendiger.

Die folgenden, im heutigen Sprachgebrauch metaphorisch benutzten Redewendungen führe ich in den ursprünglichen Zusammenhang zurück, so wie die Handlung im Traum abläuft:

einen über die Schulter ansehen (ihn nur flüchtig und deshalb nicht deutlich wahrnehmen können);

einem unter die Arme greifen (um ihn körperlich zu stützen);

einen mit offenen Armen empfangen (ihm die vordere verletzliche Seite unseres Körpers ungeschützt zuwenden und ihm damit unser Vertrauen ausdrücken);

große Augen machen (vor Überraschung oder aus Schreck mit erweiterter Pupille und weit geöffneten Augenmuskeln schauen, um besser sehen zu können);

auf den Bauch fallen (und sich aus dieser misslichen Lage nur mit Anstrengungen wieder aufrichten können);

auf den Magen schlagen (mit der Faust auf den Magen des Gegners schlagen, um ihn kampfunfähig zu machen);

sich vor Lachen den Bauch halten (die unwillkürlichen Muskelbewegungen des Bauches beim Lachen mit den Händen festhalten, um wieder atmen zu können);

sich die Beine ablaufen (sehr schnell laufen wollen oder müssen);

sich in die Brust werfen (tiefer einatmen, um kraftvoller zu sein);

einen breiten Buckel haben (zum Lastentragen);

den Daumen draufhalten (z. B. auf eine Flasche, damit nichts herausfließen kann; auf eine Schlinge, damit sie sich nicht löst);

ein neues Ufer oder neues Land betreten (nach einer Flussüberquerung etwa);

den letzten Zug verpassen (danach fährt lange keiner mehr);

im Trüben fischen (im trüben Wasser fischen);

auf die anderen herabschauen (von einem Turm oder einem Berg etwa).

Im Traum tun wir etwas ganz konkret. Bei der Deutung müssen wir wie bei einem Bilderrätsel die ursprüngliche Bedeutung und danach den übertragenen Sinn suchen. Im Traum zum Beispiel *fische*, *bade* oder *wate* ich in einem *trüben Teich*. Die folgenden Schritte helfen mir, die Metapher zu verstehen. 1. Traumebene: *Ich wate im trüben Wasser.* 2. Erkenntnis: *Ich wate im Trüben.* 3. Frage: *Wo wate ich im Trüben?* Oder: *Wo bin ich im Unklaren?*

Ich träume gelegentlich, dass ich das schmutzige Geschirr in meinem Elternhaus oder auch bei Freunden abwasche. *Den Abwasch machen* heißt im heutigen Sprachgebrauch so viel wie: die Reste beseitigen, hinter den anderen her aufräumen und reinigen. Wenn ich nach einem solchen Traum den vorherigen Tag überblicke, stelle ich fest, dass ich auf irgendeine Weise wieder in ein altes Verhaltensmuster gefallen bin, sei es, dass ich meine Meinung nicht ganz klar ausgedrückt habe, oder dass ich stillschweigend etwas hingenommen habe, was mir nicht gutgetan hat. Mein Herz macht mich im Nachhinein darauf aufmerksam. Als *Reste* sehe ich klar das alte Verhaltensmuster, welches ich in meinem Elternhaus gelernt habe.

Ein Mitglied der Traumgruppe berichtete, dass immer, wenn er über Tag Aggressionen in sich zurückbehält, um nicht anzuecken, er das im Traum nachholt, indem er die anderen im Büro mit Dreck bewirft.

Durch die Redewendung *Das geht mir an die Nieren* will man ausdrücken, dass ein Ereignis uns sehr tief verletzt hat. So sehr, dass unser seelisches Gleichgewicht erschüttert sein kann.

Vor einiger Zeit träumte ich, dass *an meinem Rücken in der Nierengegend sich rechts eine tiefe, schwärende Wunde auftat, in der kleine Käfer herumkrabbelten, welche sich nach und nach in keimende Samenkörner verwandelten.*

Ich war sehr erschrocken und ekelte mich. Ich ließ das Bild lange auf mich einwirken, bis mir klar wurde, dass ich seit Langem und sehr vehement ein bestimmtes Thema aus meinem Leben verdrängte, indem ich es in seiner Bedeutung für mich herunterspielte. Darunter allerdings verbarg sich ganz einfach die Angst vor dem seelischen Schmerz. Der Traum wies mich eindrücklich auf meine Verdrängung hin. Ich solle mich an die längst fällige Operation meiner *Wunde an der Niere* heranwagen. Ich war zuversichtlich wegen der Heilung, weil sich die ekeligen Käfer in keimende Samenkörner verwandelten.

Ein anderes Mal verdrängte ich den seelischen Schmerz, indem ich versuchte, tapfer und beherrscht zu bleiben, obwohl mir nach Weinen zumute war. *Im Traum wuchsen mir aus dem rechten Auge kleine Un-*

kräuter, die ich ausreißen wollte. Ich verstand sie als meine Tränen, die ich nicht zuließ (ausriss). Dann merkte ich im Traum schon, wie wunderschön zart und fein die Kräuter waren. Ich staunte und dachte nur: ›Neues Leben wächst aus meinem rechten Auge‹. Das führte zum Gedanken: ›Eine neue Sicht mit dem rechten Auge‹. Ich erlaubte mir endlich zu weinen.

In beiden Träumen ist ein Organ auf der rechten Körperhälfte betroffen. Da ich wusste, dass mit rechts rational gesteuerte Inhalte gemeint sind, prüfte ich, wo es einen Konflikt zwischen Verstand und Gefühl geben könnte. Tatsächlich hatte ich beide Male mit dem Verstand mein Gefühl heruntergespielt und dadurch Energie gestaut.

Hans, ein Mitglied der Traumgruppe, steuerte ein weiteres schönes Beispiel für eine Redewendung bei: Ich bin mit meiner Kollegin in meinem Büro. Vor uns spielen ein Adler, ein Hase und ein Waschbär miteinander. Ich empfinde irgendetwas Feindseliges im Raum und bin erstaunt darüber.

Ohne jetzt näher auf die Tiere einzugehen, welche sich im Traumspiel als seine drei Söhne und auch als eigene Anteile herausstellten, und das Traumthema in aller Einzelheit zu erklären, möchte ich auf ein Detail eingehen, welches ihm erst beim Spielen des Traumes so richtig auffiel. Es war eine Kiste im Raum, aus der ein Ticken zu hören war, was ihn sehr beunruhigte. Er kam darauf, dass es sich um seine Beziehungskiste handelte. Er lebte zur Zeit des Traumes von seiner Familie getrennt. Die Beziehung zu seiner Frau war sehr erschüttert. Es tickte wie eine Zeitbombe. Das Feindselige, das er wahrnahm, hing mit der Kiste zusammen.

Manche Wortspiele im Traum entstehen durch Verknüpfung von zwei in sich unabhängigen Redewendungen, Wörtern oder Wortteilen. Ich erinnere an das bereits erwähnte Beispiel:

Biedermann – Bettelmann (ein Biedermann nach außen – ein Bettelmann von innen her). Die Freundin, welche mir dieses Traumbeispiel gab, wachte einmal auf in einer Zeit, in der sie sich unter starkem beruflichen Stress fühlte, mit den Worten auf den Lippen: *Ich habe nicht nur die Faust im Nacken – ich habe auch den Schalk im Nacken.* Sie fand das sehr lustig und beschloss darauf, sich etwas mehr Ruhe und Spaß zu gönnen.

Durch das Erkennen des Wortspiels wird es uns oft möglich, die Botschaft des Traumes direkt zu verstehen.

UMGANG MIT DEM TRAUM

Vorbereitung

Aus langjähriger Erfahrung mit meinen und den Träumen meiner Klienten weiß ich, dass ein Gespräch über die Bedeutung von Träumen und die Lektüre von Traumbüchern das Erinnern von Träumen wesentlich begünstigt haben. Der Entschluss, sich den Traum zu merken, reicht aber noch nicht aus, damit auch wirklich eine klare Erinnerung bleibt. Das haben mir viele Menschen immer wieder bestätigt. Entscheidend ist es, dass Sie sich am Abend vor dem Einschlafen Schreibmaterial oder ein Aufnahmegerät bereitlegen. Dann bitten Sie Ihr Unbewusstes, dass Sie nach einem Traum aufwachen. Oder sagen Sie sich suggestiv, dass Sie einen Traum erinnern.

Ich erlebe häufig, dass sich Teilnehmer meiner Traumseminare zu Beginn des Seminars nicht konkret an einen Traum erinnern können, aber grundsätzlich sehr interessiert sind. Am nächsten Morgen kommen sie und berichten erfreut über einen lebhaften Traum aus der vergangenen Nacht. Andere erinnern sich im Verlauf einer Arbeit eines anderen Teilnehmers an einen eigenen Traum, der ihnen ganz entfallen war. Andere wiederum erwähnen, sich nur an einen oder mehrere ganz minimale Bildfetzen zu erinnern. Wenn sie sich dann mit diesem Traumfetzen beschäftigen, erschließen sich die übrigen, vergessenen Teile ganz von allein wieder. Es sieht so aus, als ob die ehrlich gemeinte Hinwendung zur Traumkraft eine unmittelbare Resonanz auslöst.

Tagebuch

Wenn wir in unserem Traumtagebuch lesen, stellen wir fest, dass wir rückblickend leicht die Themen des Lebens erkennen. Wir erleben den Weg, den wir zurückgelegt haben, noch einmal. Verwundert mögen wir dabei erkennen, dass dieser Weg wie eine Spirale verläuft. Wir können den Grundthemen unseres Lebens an bestimmten Stellen, jedoch auf einer anderen Ebene, immer wieder begegnen. Haben wir bestimmte Aufgaben nicht gelöst, weisen entsprechende Träume oft noch nach Jahren darauf hin. Wenn das gleiche Traumbild häufig wiederkehrt, ist anzunehmen, dass es die gleiche Bedeutung hat. Es ist deshalb nützlich, dem Traum eine thematische Überschrift zu geben und/oder ein Verzeichnis wiederkehrender Symbole anzulegen.

Wer sich intensiv mit seinen Träumen beschäftigt, weiß, wie schwierig es manchmal ist, das Gesehene in Worte zu kleiden. Oft reichen Worte nicht aus, die Empfindungen vollständig auszudrücken. Es ist ähnlich kompliziert, wie ein erschütterndes Erlebnis zu schildern. Aus der bildhaften Traumsprache entsteht ein Text (von lateinisch *texere* = flechten, weben, kunstvoll zusammenfügen). Beim Aufschreiben wird einfühlsam und geschickt das zusammengefügt und zusammengewebt, was der Traum gezeigt hat. Das Aufschreiben bringt Struktur in die Traumsprache und trägt auf diese Weise zur Sinnaufhellung bei. Haben Sie beim Aufwachen den Traum teilweise vergessen, rollen sie ihn einfach vom Ende her auf. Oft stellt sich der Beginn dann von alleine wieder ein.

Wenn Sie es vorziehen, die Träume auf ein Gerät zu sprechen, dann tragen Sie sie im Verlauf des Tages oder im Laufe der Woche in Ihr Tagebuch ein. Das Aufzeichnen ist besonders für Menschen zu empfehlen, die nicht gleich wieder einschlafen können oder vermeiden wollen, ihren Partner zu wecken.

Methoden

Schaffen Sie sich einen Ort und eine Zeit, wo Sie ungestört sind. Die meisten Menschen müssen dazu allein sein. Dies gilt besonders, wenn Sie sich schriftlich oder durch Malen mit ihren Träumen beschäftigen wollen. Das Rollenspiel dagegen können Sie auch mit einer vertrauten Person machen. Manche brauchen sogar die Gegenwart einer Vertrauensperson, um sich ihren Träumen und dem Unbewussten zu nähern. Durch die Bereitschaft und das Einfühlungsvermögen des anderen gelingt es ihnen eher, die Bildrätsel des Traumes zu erschließen, als ihnen dies alleine möglich wäre. Anfangs ist es für jemanden, der eine lebhafte Phantasie hat und dem das bildhafte, ganzheitliche Denken vertraut ist, leichter, die Symbole und Botschaften seiner Träume zu entschlüsseln, als für einen stark rational geprägten Menschen. Aber es ist möglich, diese Erfahrung habe ich viele Male machen können, dass mit ein wenig Geduld der Weg zur inneren Bilderwelt und den damit verbundenen Stimmungen gefunden werden kann.

Die Atmosphäre des Raumes soll angenehm sein. Nehmen Sie die Mittel hinzu, die Ihnen helfen, in einen entspannten Zustand zu gelangen. Auch durch die folgende einfache Trance-Induktion wird es Ihnen leichter fallen, zu sich zu finden und den Alltag hinter sich zu lassen. Es gilt, allmählich die Aufmerksamkeit von außen nach innen zu richten.

1. Ich *sehe* mein Tagebuch (oder einen beliebigen Gegenstand in Reichweite) vor mir
und *höre* die Musik,
während ich *spüre*, wie meine Hände auf den Oberschenkeln *liegen*
und mein Oberkörper *sich hebt und senkt* beim Atmen,
und langsam beginne ich, mich *wohler zu fühlen*.

2. Ich *höre* weiterhin die Musik
und *spüre*, wie meine Hände auf den Oberschenkeln *liegen*,
während mein Herz *schlägt*,
und nach und nach werde ich *ruhiger*,
und meine *Muskeln und Sehnen entspannen*.

3. Ich merke, wie sich meine *Hände anfühlen*,
während sich mein Oberkörper *hebt und senkt* beim Atmen,
und sich in meinem *Körper etwas verändern* kann,
und ich dabei nach und nach *ruhiger* werde,
und meine *Muskeln und Sehnen entspannen*.

4. Ich merke, wie sich meine *Hände anfühlen*,
während sich in meinem *Körper etwas verändern* kann,
wobei ich nach und nach *ruhiger* werde,
und meine *Muskeln und Sehnen entspannen*,
und ich mich *wohler und wohler* fühle.

In diesen Suggestionen werden jeweils unmittelbare Sinneswahrnehmungen mit nicht sofort feststellbaren Veränderungen im Körper verknüpft, wobei die konkreten Wahrnehmungen schrittweise zugunsten der inneren Veränderungen abnehmen.

Ich stelle nun einige erprobte Methoden vor, mit denen Sie experimentieren können. Sie werden dabei feststellen, welche Ihnen am meisten zusagt und am ergiebigsten ist. Die Methoden können natürlich auch kombiniert werden.

Fragetechnik

a. *Wie habe ich mich im Traum und beim Aufwachen gefühlt?*
Die Gefühle helfen uns, die Botschaft zu verstehen.

b. *Welches Tagesgeschehen hat den Traum ausgelöst?*
Der Auslöser kann ein zum Teil belangloses Ereignis des Vortages sein, welches nicht unbedingt bewusst und beeindruckend sein muss. Das kann ein Detail aus einer Fernsehsendung vom vorherigen Abend, ein gelesener Brief, ein Wortwechsel oder eine Begegnung mit einer Person sein. Oft erkennen wir sofort ein Merkmal des Traumes wieder und glauben dann, den Traum verstanden zu haben. Dieses Merkmal ist der Auslöser, nicht der Grund des Traumes. Träume kommen nicht, um uns etwas zu sagen, was wir schon wissen. Scheinen Sie also spontan zu wissen, was der Traum bedeutet, schauen Sie ihn sich genauer an. So kommen Sie zur nächsten Frage:

c. *Warum träume ich gerade jetzt diesen Traum?*
Ein Traum wird durch etwas ausgelöst, das uns momentan beschäftigt, auch wenn er uns mit Orten und Personen unserer Kindheit zusammenbringt oder sich mit der Zukunft befasst. Dabei verhält er sich ergänzend zum Ich-Bewusstsein des Träumers. Er sagt uns

etwas, was das Ich nicht weiß oder nicht genügend schätzt.

Vielleicht ahnen Sie jetzt, worauf sich der Traum beziehen mag. Aber, wie ich schon oben sagte, der Traum bringt ergänzende Aspekte zu den schon bewussten. Also sollten Sie weiterforschen. Dazu ist es nützlich, wenn Sie dem Traum – sofern es ein kurzer mit nur einer Handlung und einem Handlungsort ist – eine Überschrift geben. Damit drücken Sie den Kern der Geschichte aus. Bleiben Sie dabei ganz im Traumgeschehen, deuten Sie noch nicht. Stellen Sie sich sodann die nächsten Fragen:

d. *Wie verhalte ich mich als Traum-Ich?*
Was wird von mir verlangt? Welche feindlichen (bedrohlichen) Begegnungen geschehen? Was wird verletzt? Was hat eine helfende oder heilende Wirkung? Wie wird mir Unterstützung zuteil?

e. *Wie kommt es, dass ich gerade jetzt von dieser Person träume?*
Wenn eine Traumfigur eine wirkliche Person aus Ihrem Leben zur Zeit des Traumes ist, so ist sie zunächst wörtlich zu verstehen. Bedenken Sie dabei, dass der Traum Ihre Sicht dieser Person und Ihre Gefühle ihr gegenüber widerspiegelt.

f. *Welcher eigene Anteil ist durch diese Figur verkörpert?*
Macht das keinen Sinn für Sie, dann ist die Person symbolisch zu deuten. Sie kann auch nicht selbst gemeint sein, wenn wir schon länger keinen direkten Kontakt mehr zu ihr haben. Das kann eine positive Eigenschaft sein, die Sie noch nicht entwickelt haben, oder auch eine unangenehme. Berücksichtigen Sie dabei, dass die Traumkraft oft übertreibt, um das Ich aufzurütteln. Je mehr der Schwerpunkt unseres Lebens nach innen

gerichtet ist, desto eher ist die Traumfigur symbolisch zu verstehen.

g. *Ist eine an das Unbewusste gestellte Frage beantwortet?*
Sehr oft scheint der Traum, den Sie als Antwort erhalten, auf den ersten Blick nichts mit der Bitte zu tun zu haben. Sollten Sie dies feststellen, dann wenden Sie die später erklärte Dialogtechnik an. Sie kommen damit tiefer und näher an die Trauminstanz heran.

h. *Was fällt mir zu dem Symbol ein?*
Durch freies Assoziieren zu einem Traumbild, wobei immer wieder auf das Bild zurückgegangen wird, fügen sich nach und nach – wie beim Legen eines Puzzles – die einzelnen Teile zu einem klaren Bild zusammen. Diese Methode ist im Grunde auf jedes Detail im Traum anwendbar. Sie ist jedenfalls so lange notwendig, bis die wichtigsten Traumsymbole verstanden werden. Deutungen aus Traumbüchern können nur ein Hinweis sein. Prüfen Sie immer, was das Symbol für Sie bedeutet. Denken Sie in erster Linie auch an eine mögliche wörtliche Bedeutung. Außerdem ist es hilfreich, gleiche Symbole aus Märchen und Mythen heranzuziehen, um den archetypischen Bedeutungsinhalt dem eigenen persönlichen gegenüberzustellen oder gegebenenfalls hinzuzufügen.

Ein Traum ist richtig gedeutet, wenn er dem Träumer einleuchtet und einen Weg zeigt, das Leben positiv zu gestalten. Er ist wirkungslos oder noch nicht erschöpfend genutzt, wenn der Träumer enttäuscht oder bedrückt ist. Ich frage die Seminarteilnehmer am Ende eines Traumspiels immer: Was heißt der Traum für Sie? Was machen Sie damit, ganz konkret?

Oft ist ein Traum sehr rätselhaft. Sie können nichts mit ihm anfangen. Sie brauchen weitere Informationen. Zunächst stellen Sie fest, ob der Traum, wie eine Geschichte, mehrere Abschnitte (Sequenzen) hat.

Fassen Sie sodann aus jeder Sequenz das Wesentliche zusammen. Benutzen Sie dabei die Schlüsselwörter. Dadurch wird der Traum noch nicht gedeutet. Es ist jedoch ein wesentlicher Schritt dahin. Ist ein Traum sehr lang, hat er meistens auch deutlich erkennbar verschiedene Sequenzen. Sie befinden sich etwa plötzlich an einem anderen Ort, sind mit anderen Menschen zusammen, tun etwas anderes.

Gliedern Sie Ihren Traum wie einen Text und suchen Sie den jeweiligen Schlüsselsatz. Gehen Sie ebenso vor, wenn Sie in einer Nacht mehrere Träume haben. Meistens zieht sich ein roter Faden durch alle Sequenzen eines Traumes bzw. durch alle Träume einer Nacht. Bleiben Sie dabei immer eng am Traumgeschehen. Dann erst suchen Sie nach der Bedeutung der Symbole.

Ein Beispiel:

Ich will in letzter Minute an einem Tenniswettbewerb teilnehmen. Nur durch die persönliche Bemühung von Frau Leinen, einer aktiven Spielerin, welche sich um die Organisation kümmert, werde ich noch zugelassen. Da mir der Wettbewerb sehr wichtig ist, freue ich mich darüber.

Schlüsselsatz: Ich nehme durch die Hilfe von Frau Leinen an einem wichtigen Wettbewerb teil.

Das Turnier ist vorüber. Ich habe gut abgeschnitten. Ich will Frau Leinen danken und kaufe für sie ein kleines rotes Sträußchen. Es soll kein Geschenk, eher eine Geste sein.

Schlüsselsatz: Ich will mich bedanken.

Wir sind bei der Ehrenfeier. Ich warte, bis ich Frau Leinen allein antreffe und überreiche ihr das Sträußchen. Sie freut sich sehr darüber.

Schlüsselsatz: Sie freut sich, dass ihre Bemühung anerkannt wird.

Anna, die Träumerin, kann die einleitenden Fragen nicht beantworten, erinnert sich jedoch deutlich an das gute Gefühl im Traum, das auch beim Aufwachen und den ganzen Tag über anhielt, ein Gefühl der Zuversicht und Zufriedenheit. Sie ist sehr neugierig, was Frau Leinen bedeuten soll. Da sie Frau Leinen nur flüchtig aus der Zeit ihres Tennisspiels kennt, was schon zwanzig Jahre zurückliegt, geht sie davon aus, dass ein eigener Anteil gemeint ist.

Sie assoziiert zu Frau Leinen: *Frau Mitte fünfzig, sehr zielstrebig und zäh, ausdauernd. Sie spielte regelmäßig Tennis und blieb dadurch vital und jugendlich. Ich bewunderte öfters ihre Zähigkeit. Sie erinnert mich an meine Mutter, die ebenso zäh war und dadurch viele schwere Stunden ihres Lebens verkraftete. Ich bin ebenso. Ich wundere mich oft, was ich schon alles durchgestanden habe.*

Jetzt fällt Anna ein, dass sie am Vorabend eine Talk-Runde im Fernsehen angeschaut hatte mit dem Thema: *Müssen Kinder ihre Eltern lieben?* Das Thema hatte sie sehr berührt, weil sie sich momentan in einer Phase der Versöhnung ihrer inneren *dunklen* und *hellen* mütterlichen Anteile erlebt. Ich weise Anna auf ein Wortspiel hin, das mir auffällt. Sie muss beim Tennisspielen ständig *am Ball bleiben*, was bekanntlich nichts anderes heißt als ausdauernd ein Ziel zu verfolgen und nicht aufzugeben.

Ihre Zähigkeit (ein guter innerer Mutteranteil) hilft ihr im Traum, an einem Wettbewerb teilzunehmen, obwohl sie sich sehr spät anmeldete. Die nächste Frage, die Anna sich stellt, ist: *Wo in meinem Leben gehe ich oder bin ich in einen Wettbewerb gegangen, und zwar sehr spät?* Jetzt fällt es ihr wie Schuppen von den Augen. Am Vortag hatten sie und ihr Freund über den Altersunterschied zwischen ihnen gescherzt. Anna ist einiges älter als er. Hin und wieder bereitet ihr das

Probleme. Sie ist in Wettbewerb zu jüngeren Frauen getreten. Im Traum schneidet sie im Wettbewerb gut ab. Ihr Unbewusstes zeigt ihr die inneren Ressourcen, nämlich ihre Ausdauer, ihre Vitalität, ihre Jugendlichkeit, und das macht sie zuversichtlich für ihren weiteren gemeinsamen Weg.

Die dritte Sequenz zeigt, wie Annas Traum-Ich sich bei der *mütterlichen* Bekannten bedankt und diese sich darüber freut. Das macht ihr klar, dass auch auf unbewusster Ebene ihre Entscheidung, sich mit den *inneren* Eltern auszusöhnen, vollzogen wurde. Diese Versöhnung trägt zum seelischen Wohlbefinden bei und wird durch die Worte des vierten Gebotes ausgedrückt: Du sollst Vater und Mutter ehren, auf dass es dir wohl ergehe und du lange lebest auf Erden.

Dieser relativ kurze Traum berührt zwei wichtige Themen in Annas gegenwärtigem Leben: die Beziehung zu ihrem jüngeren Freund und die Aussöhnung mit den inneren Eltern. Ausgelöst wurde er durch zwei Erlebnisse des Vortages: die Fernsehsendung und die Erwähnung des Altersunterschiedes.

Schreiben mit beiden Händen

Eine weitere Art der schriftlichen Auseinandersetzung mit dem Traum bietet das Schreiben mit beiden Händen. Sie ist besonders empfehlenswert, wenn sich im Traum ein Konflikt zwischen Traum-Ich und anderen Personen, die eigene innere Anteile darstellen, abzeichnet.

Ich möchte noch einmal auf einige Aspekte eingehen, die schon früher erwähnt wurden und im Zusammenhang mit dem rechts- bzw. linkshändigen Schreiben zu beachten sind. Die gegenwärtige wissenschaftliche Gehirnforschung geht davon aus, dass die linke Hälfte der Großhirnrinde die rechte Körperhälfte kontrolliert und die rechte Hemisphäre entsprechend die linke Körperhälfte. Die linke Hemisphäre gilt als Sitz des linearen, logischen, analytischen Denkens und analog dazu die rechte Hemisphäre als Ort für ganzheitliches Denken, emotionales Denken, für Intuition, Spontaneität und Kreativität.

Im besten Fall verfügt ein Mensch über das ganze Spektrum seines anlagemäßigen Potenzials. In der Realität jedoch gibt es nur wenige Menschen, welche die Eigenschaften von linker und rechter Hemisphäre in einem ausgeglichenen Verhältnis ausdrücken können. In der Regel dominiert eine der beiden Hälften.

Über Jahrhunderte hat sich die dualistische Denkweise: Rechts ist richtig, Links ist falsch gehalten. Diese moralische Wertung ist in den Kulturen vieler Völker zu beobachten.

In der deutschen Sprache drückt sich die Wertung aus in Worten wie richtig, aufrichtig, aufrecht, rechtschaffen, gerecht, das Rechte tun. Und dagegen: link sein (falsch sein), jemanden linken, ungelenk. Linkshändig wird auch benutzt für verkrüppelt, für fragwürdig oder zweifelhaft. Es ist also nicht verwunderlich, dass man lange Zeit Kinder zwang, mit der rechten Hand zu schreiben oder die *rechte* Hand zum Gruß zu reichen. Es galt als nicht richtig, linkshändig zu sein.

Die meisten Menschen sind Rechtshänder. Für sie gilt, dass sie ihre linke Hand mehr oder weniger nur zu Hilfszwecken benützen. Wenn Sie rechtshändig schreiben, werden Sie vielleicht einwenden, dass Sie links überhaupt nicht schreiben können. Lassen Sie sich einfach auf eine spielerische Weise darauf ein. Sie werden krumm und krakelig schreiben. Das spielt keine Rolle. Es soll ein Dialog zwischen Ihren beiden Händen werden. Für Linkshänder gilt das Gleiche im umgekehrten Sinne. Egal, welche Hand dominiert, die innere Einstellung bleibt: Eine hat Oberhand, die andere wird links liegen gelassen.

Auch wenn wir bewusst diese Wertung längst aufgegeben haben, so ist sie doch tief in uns verwurzelt. Unter Berücksichtigung dieser Tatsache, schreibt die dominante Hand die Worte des autoritären und kritischen Eltern-Ichs, wohingegen die nicht dominante für das innere angepasste und ängstliche Kind eintritt. Auf Traum-Ebene wird das Kind durch ein Traum-Ich dargestellt, das sich verfolgt oder bedrängt fühlt, Angst empfindet, sich ungerecht behandelt oder herabgesetzt fühlt, zögerlich, trotzig, rebellisch, streitsüchtig ist oder beobachtend am Rand des Geschehens steht. Das innere Kind wird auch durch ein fremdes Kind verkörpert, welches vernachlässigt, krank, leichtsinnig ist oder verloren geht. Der dominanten Hand entsprechen auch Autoritäten wie Lehrer, Polizisten oder Feinde ganz allgemein. Lesen Sie hierzu nochmals den Abschnitt über Traumfiguren nach.

Lassen Sie beim Schreiben alle Gedanken und alle Worte zu, die Ihnen einfallen. Zensieren Sie nichts. Lassen Sie die nicht dominante Hand alle Impulse des unterdrückten Anteils ausdrücken. Sie werden möglicherweise über die Kraft und die Cleverness Ihres inneren Kindes überrascht sein.

Nachfolgend gebe ich einen Ausschnitt wieder, bei dem es um eine Auseinandersetzung der fordernden Traum-Mutter und der überangepassten Tochter (Traum-Ich) geht:

– Du leistest mal wieder nichts! Verplemperst die Zeit!

– Zum Teufel noch mal. Ich brauche gar nichts zu tun.

Ich bin OK – einfach so. Dazu muss ich nicht erst was leisten! Ich kann viel. Aber ich muss das nicht tun, um mein Dasein zu rechtfertigen. Ich tu was, wenn es mir Spaß macht. Wann das ist, weiß ich am besten, nicht du. Verdammt, du sollst mich in Ruhe lassen und mich gewähren lassen.

– Okay, ich weiß, dass du recht hast. Ich verhalte mich dir gegenüber, wie ich es selbst gewohnt bin. Ich kann von dir lernen.

Sie werden feststellen, dass sich der schriftliche Dialog als ein nützliches Mittel erweist, mit dessen Hilfe Sie einen Konflikt, den Sie durch die Fragetechnik nicht lösen können, leichter begreifen. Er verhilft Ihnen zu Klarheit und Einsicht. Sie spüren und schätzen Ihre Gefühle mehr und erleben, dass sich unbewusste und bewusste Inhalte näherkommen. Der Traum bietet Ihnen das Thema zum Dialog, die beiden Hände führen ihn aus. Sie gewinnen Einsicht und Klarheit.

– Du hängst nur so rum! Tust nichts! Freust dich auf nichts!

– Lass mich in Ruhe. Ich muss selbst erst mal herausfinden, warum ich so traurig bin. Wie kann ich mich freuen, wenn ich traurig bin. Dann muss ich weinen.

– Du machst es nur noch schlimmer, wenn du weinst. Du führst dich auf!

– Stimmt, ich führ mich auf. Na und? Was machst du? Du versuchst mich zu trösten, das geht so aber nicht. Ich soll nicht weinen, weil du es nicht ertragen kannst, mich weinen zu sehen.

– Ja, mir ist auch nach Weinen zumute. Ich meine immer, ich müsse stark sein.

– Siehst du, jetzt verstehst du mich.

Sie können die Technik auch bei anderen Träumen einsetzen. Sie fühlen sich vielleicht unzufrieden in

Ihrer beruflichen Tätigkeit. Sie bitten Ihre Traumkraft um Entscheidungshilfe. Der Traum bietet Ihnen eine Möglichkeit an, die Sie beim Aufwachen für zu phantastisch oder zu schwierig halten. Die neue Tätigkeit entspringt Ihrem kreativen Kind. Sie sind vielleicht zu nüchtern, um das Angebot ernst zu nehmen. Oder Ihr kritischer Eltern-Anteil wertet den neuen Weg moralisch ab. Oder das ängstliche Kind in Ihnen hält den Weg für ungangbar.

Lassen Sie die dominante Hand die Gegenargumente aufschreiben. Die nicht dominante Hand befürwortet das im Traum erlebte Neue. Ich habe es öfters erlebt, dass die dominierende Stimme letztendlich die Argumente des kreativen Kindes einsieht und ihre eigenen Fähigkeiten (etwa zum Organisieren und Strukturieren) anbietet.

Monolog

In Anlehnung an die Gestalt-Therapie betone ich, dass alle Elemente eines Traumes etwas über die Persönlichkeit des Träumers aussagen. Ich habe im Abschnitt Fragetechnik beschrieben, wie sich beim Assoziieren durch das Zusammenfügen vieler Aspekte nach und nach die Bedeutung eines Symbols ergibt.

Beim monologischen Rollenspiel handelt es sich um einen ähnlichen Vorgang. Es ist eine Variante der Assoziation, ist jedoch gegenüber dieser unmittelbarer im Zugang zum Unbewussten. Nachdem Sie in einen entspannten Zustand gelangt sind, stellen Sie sich vor, Sie seien ein bestimmtes Traumbild. Beschreiben Sie sich zunächst und schildern Sie Ihren Platz im Traum. Beschreiben Sie, was Sie aus Ihrer Sicht beobachten. Bleiben Sie dabei dicht am Traumgeschehen. Lassen

Sie sich Zeit und horchen Sie auf die weiteren Einfälle.

Bruni, deren Traum an anderer Stelle (siehe *Fallen*) aufgeführt ist, sagt als Fensterwand Folgendes:

Ich bin 4 m breit, 2,20 m hoch. Die Fensterwand von Brunis Wohnzimmer. Ich habe ein Fenster und daneben eine Balkontür zur Straße hin. Ich sehe Bruni, wie sie im Begriff ist, auf den Balkon hinauszutreten. Hinter ihr sehe ich ihren Vater, der sie zurückhalten will. Sie hört nicht auf ihn. Ich möchte ihr auch sagen, dass sie sehr vorsichtig sein soll. Der Balkon ist nämlich brüchig. Es besteht Einsturzgefahr.

Gehen Sie auf die gleiche Weise mit den anderen Traumelementen vor. So kommt nach und nach die Bedeutung der einzelnen Symbole zusammen. Dabei erleben Sie möglicherweise, dass in einem Traum ein Thema durch verschiedene Bilder ausgedrückt wird.

Der Wunsch nach Freiheit, Ungebundenheit und Bewegung taucht nacheinander im Verlauf von drei Träumen in Form eines Flugzeuges, eines Heißluftballons und vieler bunter Kinderdrachen ohne Seil (Sie sind nicht angebunden = ungebunden) auf. Dabei ist die Qualität der Freiheit von Bild zu Bild etwas verschieden.

Es kann auch sein, dass ein Symbol eine doppelte Bedeutung hat. So befindet sich die Träumerin in einem *ländlichen Ort, in dessen Nähe ein großer Flugplatz liegt. Zu dem Ort assoziiert sie: Er ist für sein Weißbier bekannt. Ich habe mir dort schon einige Dirndlkleider gekauft. Ich mag die alten schönen Häuser des Marktfleckens.*

Sie findet heraus, dass der Ort ihre Sehnsucht nach Weite und Freiheit *(Flugplatz)*, aber auch ihren Sinn für Bodenständigkeit *(Weißbier, Dirndl)* und alte gewachsene kulturelle Werte *(alte Häuser)* widerspiegelt. Sie befindet sich in einer Phase ihres Lebens, in der sie Zeit und Energie für die Befriedigung beider Bedürfnisse nutzen kann. Sie reist viel *(Flugplatz)* und beschäftigt sich mit Antiquitäten *(alte kulturelle Werte)*. Analog dazu stellt sie immer häufiger erfreut fest, dass sie auf einer übertragenen Ebene manche Selbstkontrolle aufgibt, ohne dabei ihren festen Stand zu verlieren. Sie bleibt bodenständig.

Die Monologtechnik eignet sich wie das freie Assoziieren zum Erschließen der Symbole.

Dialog

Der Dialog entspricht dem beidhändigen Schreiben. Er eignet sich zum Begreifen und Lösen eines Konfliktes. Immer wenn sich eine Dualität im Traum ergibt, ist der Dialog die Methode der Wahl.

Stellen Sie einen zweiten Stuhl vor sich hin und wechseln Sie jeweils den Platz. Sprechen Sie aus der jeweiligen Person heraus bzw. seien Sie abwechselnd das Traum-Ich und die andere Traumfigur, das Sie beängstigende Tier, oder was auch immer die andere Traumfigur sein mag. Sie können auch das Traum-Ich und ein Fahrzeug sein. Sie können einen Dialog zwischen zwei Fahrzeugen spielen. Es sind keine Grenzen gesetzt. Wie beim beidhändigen Schreiben eignet sich die Dialogtechnik nicht nur zur Konfliktlösung. Auch bei angenehmen Träumen, in denen sich eine sympathische fremde Person zeigt (Animus, Anima, gütige Alte, alter Weiser), hilft die Dialogtechnik.

Lassen Sie sich in jeder Rolle Zeit, bis Ihnen ein Einfall kommt. Sprechen Sie ihn aus. Sie kommen dabei immer unmittelbarer ins Traumgeschchen hinein. Kontrollieren Sie – und vor allem – werten Sie nichts. Lassen Sie alles zu, was kommt. Es kommt aus Ihnen und gehört zu Ihnen. Es ist ein Aspekt von Ihnen. Es mag nützlich sein, den Dialog auf Band aufzunehmen, damit Sie später Ihre Worte nochmals hören können. Ich habe es schon häufig erlebt, dass die Menschen nach der Traumarbeit, wenn ich ihnen die eigenen Worte vorgelesen habe, erstaunt und erfreut waren. Es spricht eine tiefe Weisheit aus dem Innern, eine Weisheit, die das bewusste Ich selten findet und die Menschen tief bewegt.

Das erging auch Dorothea so, einer Frau von fünfundvierzig Jahren. Zunächst ihr Traum:

Ich bin in einem großen Innenhof eines alten Klosters. Ich komme von einem Besuch bei meiner kranken Mutter im Krankenhaus zurück. Das Krankenhaus befindet sich hinter mir. Eine junge Frau kommt mir hüpfend und springend entgegen, die ich vorher alt und gebrechlich am Bett meiner Mutter angetroffen hatte. Ich bin sehr verwundert darüber.

Da höre ich von links Tiergebrüll. Dort sind Stallungen. Ich gehe näher heran und stelle fest, dass drinnen große Unruhe herrscht. Ich höre eine Stimme, die mir sagt: Es sind Stiere, die bald geschlachtet werden sollen. Ich verspüre Mitleid mit den Tieren und beuge mich zu einem schwarzen Stier hin, der besonders laut gebrüllt hat. In dem Moment stößt er mit den Hörnern das Gitter um und rennt auf mich los.

Mit Hilfe des Dialogs findet Dorothea heraus, dass die Frau aus dem Traum – eben noch alt, jetzt jünger – sie selbst ist, so wie sie früher war, in den ersten Jahren ihrer Ehe. Dann, rund fünfzehn Jahre lang, pflegte sie ihre kranke Mutter bis zu deren Tod vor einiger Zeit. Das waren harte Jahre. Erschwerend kam hinzu, dass die Familie in einen kleinen Ort zog, wo Dorothea nie richtig heimisch wurde. Sie fühlte sich gebunden und irgendwie alt und gebrechlich. Im Wachleben fehlt ihr die Beschwingtheit und die Leichtigkeit der jungen Frau. Im Traum hat sie die kranke Mutter und die alte Frau hinter sich gelassen. Für ihre Psyche ist die schwere Zeit vorbei. In der Realität befindet sich Dorothea noch voll darin. Sie ist selbst verwundert darüber.

Monolog:

Stall: *Es ist dunkel. Nur von oben fällt Licht herein. Die Luft ist schwer. Ich sehe unter mir die Stiere, alle schwarz. Sie sind ganz verzweifelt. Es sind schöne, junge, schlanke Tiere mit glänzendem schwarzen Fell, viel zu jung zum Schlachten.*

Ich sehe diese Frau. Sie ist gebückt, sehr mit dem Boden verhaftet. Sie ist den Tieren zugewandt, wie hinter die Geheimnisse kommen wollend und tiefer nachforschen wollend, was eigentlich der Sinn dieses Schlachtens ist.

Dialog:

Stier: *Ich habe auch irgendwie Mitleid mit dieser Frau. Ich habe das Gefühl, ich muss mit meiner Kraft auf sie zurennen und sie aus diesem schweren Dasein herauslösen und sie dadurch frei machen.*

Dorothea: *Du rennst so, du erschreckst mich damit. Willst du das?*

Stier: *Es ist mehr Lebensfreude, was ich demonstrieren will. Darum auch der gesenkte Kopf. Es ist mehr wie eine Aufforderung zum Spiel.*

Dorothea: *Ich spüre irgendwie, dass du nichts Böses willst, aber ich habe trotzdem Angst.*

Therapeutin zu Stier: *Sag ihr, was du meinst!*

Stier: *Ich will dir die Leichtigkeit des Lebens zeigen. Lebensfreude zeigen. Mit Kraft etwas angehen und es dann schaffen. Das soll auch in deinem Leben wieder stärker durchkommen.*

Bezeichnend ist, dass ein Stier, ein männliches Tier, sie aufrütteln will. Dorothea muss ihre *männliche* Energie zum Anpacken und Losgehen mobilisieren, um aus dem Dunkel der zurückliegenden Jahre herauszufinden. Die alptraumhafte zweite Sequenz des Traumes will sie buchstäblich durchrütteln und erschrecken, damit ihr bewusst wird, dass sie sich nicht länger gebückt verhalten soll.

Imagination

Mit Imagination ist hier das bewusste Umgestalten eines Traumes gemeint. Sie wird angewandt, wenn kein Ende im Traum zu erkennen ist oder eine frustrierende Situation dargestellt wird, in der sich das Traum-Ich allein befindet. Hierbei werden die inneren Bilder des Träumers weiter *gemalt* und verändert. Imagination ist uralt und wurde zu Heilzwecken in den Religionen und Kulturen zu allen Zeiten praktiziert.

Erlebt das Traum-Ich eine frustrierende Situation, weist das auf einen unbewussten Konflikt hin. Der Konflikt fußt in dem Welt- und Selbstverständnis des Kindes. Das Kind von damals hat die *Welt* sehr anschaulich und in vielen Bildern verstanden. Es liegt also nahe, das Kind, das eingeschränkte Traum-Ich, in einer Sprache anzureden, die es versteht, nämlich in der Bildersprache. Eine Kommunikation mit dem Unbewussten, welche nur über Reden mit abstrakten Begriffen und mit Hilfe von logisch-abstrakten Argumenten erfolgt, muss scheitern.

Als Beispiel möchte ich eine Imagination anführen, die Peter nach dem folgenden Traum machte:

Ich fahre durch einen Ort, wo die Leute mürrisch und abweisend aussehen. Es gibt keine Beschilderung. Die Stra-

ßen sind verwinkelt. Dann gehe ich einen Pfad zu einem Hügel hoch. Ein verschlungener und vereister Pfad. Ich frage Leute nach dem Weg. Sie geben mir keine Antwort oder sind mürrisch.

Sein Traum hat zwei Sequenzen, die beide das gleiche Thema behandeln. Sie beziehen sich auf seine Schwierigkeiten im sozialen Umfeld. Der Mann ist oft sehr einsam und beklagt sich, dass er keinen Kontakt zu anderen habe. Er fühle sich abgewiesen. Er erkennt durchaus seinen eigenen Anteil in der Beziehung zu anderen Menschen. Er sei selbst sehr zurückhaltend und wortkarg. Er finde jedoch aus seinem Käfig nicht heraus. Im Traum wird die eigene Verschlossenheit auf die anderen projiziert. Das Traum-Ich ist gleichsam der kleine Junge, der sich von den Großen unverstanden und ausgeschlossen fühlt.

Die Anweisung zur Umgestaltung des Traumes lautet: *Mit deiner Vorstellungskraft kannst du alles neu gestalten, in einer Weise, bei der du ganz zufrieden bist.* Daraufhin imaginiert er:

Ich fahre durch den Ort, ganz langsam, sodass ich mir die Leute näher anschauen kann. Ich nicke ihnen zu. Sie schauen verwundert zurück. Das reicht mir nicht. Ich halte an und frage eine Frau nach dem Weg. Ich gebe mir Mühe, freundlich zu sein und ihr ins Gesicht zu schauen. Da nickt sie ganz aufmerksam und weist mir den Weg. Das macht mir Mut. Ich versuche es gleich noch zweimal.

Dann gelange ich an den Pfad. Ich sehe, dass es ein Pfad in einem Wald ist. Unter meinen Füßen ist weiches Moos. Hie und da treten knorrige Wurzelteile auf. Auch gibt es noch Reste von Eis und Schnee. Doch das sieht irgendwie schön aus. Und wenn ich fest auftrete und schaue, wohin ich trete, kann überhaupt nichts passieren.

Ich gehe diesen Hügel am Rande der Stadt hinauf. Es ist Sonne, blauer Himmel und eine klare Luft. Ich fühle mich

wohl und leicht. Ganz friedlich. Den Leuten, die mir be-
gegnen, kann ich zulächeln.

Peter bringt in die Imagination ganz bewusst sein aktives Zugehen auf die anderen Menschen ein. Er redet sich dabei jedoch nicht nur in Worten gut zu, sondern gestaltet seinen Traum mit positiven Bildern um. Die neuen Bilder wirken wie positive Suggestionen und werden verinnerlicht. Sie bilden eine Energie, die in der Folge dazu neigt, die Gefühle und das Tun zu beeinflussen.

Es kann vorkommen, dass sich in der Imagination keine positiven Bilder einstellen, dass die Bilder verschwommen sind oder sich schnell verflüchtigen. Das könnte darauf hinweisen, dass durch die Beschäftigung mit dem Traumthema unangenehme und schmerzhafte Gefühle verbunden sind, vor denen sich die Person schützen will. Es kann auch bedeuten, dass sich die Person – auf Traumebene – überfordert fühlt. Dann ist folgende Anweisung hilfreich:

Wenn Sie sich unfähig fühlen, etwas an der Situation (im Traum) zu verändern, stellen Sie sich eine Person vor, die für Sie wie ein Vorbild ist. Die das kann, was Sie machen möchten. Die Sie bewundern. Die Sie immer schon einmal sein wollten.

– Diese Person tut nun genau das, was Sie auch tun wollen. Sie schauen ihr dabei zu, ganz aufmerksam. Beobachten Sie ihre Haltung, ihren Gang, ihre Gestik und ihre Mimik. Hören Sie ihr genau zu, falls sie etwas sagt.

– Nun gehen Sie neben der Person her und tun dasselbe wie sie. Sie fühlen dabei ihren Schutz und ihre Wirkung.

– Als Nächstes tun Sie allein das, was Sie sich wünschen zu tun. Sie wissen, dass die Wirkung der anderen Person anhält.

Brigitte, eine junge Frau von dreißig Jahren, ist übergewichtig. Sie geht schon seit Langem nicht mehr zum Schwimmen, weil sie scheut, sich im Badeanzug vor den Blicken der anderen zu bewegen. Sie fühlt sich der Abwertung der anderen ausgesetzt. Obwohl sie verstandesmäßig weiß, dass sie genauso viel wert ist wie andere, ist ihr Selbstwertgefühl gering. Sie führt ihren Komplex auf ihr Übergewicht zurück.

In ihrem Traum *steht sie am Rande des Meeres und sieht wehmütig zu, wie Mitglieder ihrer Gesangsgruppe baden. Sie selbst ist mit der Tracht der Gruppe bekleidet.* Zum Inhalt des Traumes sagt Brigitte, dass sie sich schon seit Langem wünsche, im Roten Meer zu tauchen. Sie meint, dass der Traum irgendwie diesen Wunsch vermittelt.

Sie versucht nun, sich im Badeanzug vorzustellen und ins Meer hineinzugehen, um zu schwimmen. Ihr fällt es jedoch schwer, sich das vorzustellen. Sie kann die Bilder nicht festhalten. Daraufhin bitte ich sie, sich eine Person als Begleiterin auszudenken, die ebenso dick wie sie selbst ist und sich ohne Scheu in der Öffentlichkeit bewegt. Ihr fällt eine Sängerin ein. Nach den oben angegebenen Schritten gelingt es ihr dann, sich im Badeanzug vorzustellen und ins Meer zu gehen, und vor allem, sich ungeniert vor den anderen Menschen am Strand zu bewegen.

Brigitte ist nun sicherlich nicht nach dieser Traumarbeit von ihrem mangelnden Selbstwertgefühl geheilt. Es ist aber ein Heilungsprozess in Gang gesetzt worden. Heilen heißt auch reifen, und zum Reifen braucht der Mensch Zeit.

Zusammenfassend möchte ich nochmals erwähnen, dass Sie bei jeder Annäherung an Ihren Traum Ihre Gefühle und das Tagesgeschehen berücksichtigen.

Die Fragetechnik und das freie Assoziieren geschehen eher aus einer Meta-Ebene heraus. Dagegen gehen Sie über das beidhändige Schreiben und den Monolog und den Dialog unmittelbarer ins Traumgeschehen hinein, indem Sie sich mit den Traumfiguren identifizieren. Sie sollten ausprobieren, mit welcher Methode Sie am weitesten kommen.

Für und Wider

Angenehme Träume vermitteln ein gutes Gefühl, das oft den ganzen Tag über anhält. In einer Zeit der Krise oder gar in einer depressiven Phase kann ein einzelner Traum schon Hoffnung wecken. Unterhaltsam und faszinierend ist es, sich über die Träume eine neue Dimension des Lebens zu erschließen. Besonders wenn das reale Leben einseitig, eintönig oder belastend verläuft, bietet ein bilderreicher Traum eine Bereicherung. Es wird sozusagen eine weitere Dimension erschlossen. Kreative Träume bieten ungenutzte Fähigkeiten an, die – richtig erkannt und in die Tat umgesetzt – das Leben erweitern. Ein Traum ist richtig erschlossen, wenn er dem Träumer im Hinblick auf sein gegenwärtiges Leben einleuchtet und ihn veranlasst, sein Leben positiv zu gestalten.

Nach diesen Vorteilen, die ein Traum bietet, möchte ich auch auf eine Gefahr hinweisen. Für manche Menschen kann die starke Beschäftigung mit den eigenen Träumen, besonders wenn diese sehr phantastisch und bunt sind, eine Entfernung von der Realität bedeuten. Die Tagesaufgaben sollten über die Hinwendung zu den Träumen nicht vernachlässigt werden. Dies gilt ganz besonders für junge Menschen, die naturgemäß ihre psychische Energie brauchen, um ihr Leben selbst in die Hand zu nehmen und das ins Auge gefasste Berufsziel zu erreichen. Eine Flucht in nächtliche Träume und in Tagträume ist auf jeden Fall ein Hinweis darauf, dass Verstand, Wille und Zupackvermögen nicht genutzt werden, um das Leben konstruktiv zu gestalten. Die Inhalte der Träume sollten eine Erweiterung fürs Leben bieten und keinen Ersatz darstellen.

Sollten Sie sich allein einem Alptraum zuwenden, dann sorgen Sie dafür, dass Sie sich in einer Umgebung von Geborgenheit befinden. Falls Sie fürchten, vom Unbewussten überwältigt zu werden, dann warten Sie, bis Sie mehr Zuversicht in sich spüren. Es ist gut, die eigenen Grenzen zu kennen und der inneren Stimme zu folgen, die möglicherweise merkt, dass der richtige Zeitpunkt noch nicht gekommen ist.

Wenn Sie dagegen immer wieder Alpträume haben, oder wenn Sie umso verwirrter werden, je mehr Sie sich mit Ihren Träumen befassen, dann sollten Sie fachliche Hilfe aufsuchen. Auch wenn Sie beim Aufwachen traurig, depressiv oder wütend sind, ohne sich an Träume zu erinnern, ist das ein Hinweis darauf, dass Sie Alpträume hatten.

Folgende Traumbilder weisen auf unbewusste Konflikte hin: Flutwelle, Überschwemmung, Feuersbrunst, Treibsand, Schlamm, Verfolgung durch wilde Tiere oder bedrohliche Ungeheuer.

Träume tragen dazu bei, die unbewussten Aspekte kennenzulernen. Es bleibt offen, ob das für jedermann erstrebenswert ist. Ein Mensch, der sich in einer Sackgasse fühlt, ist jedenfalls gut beraten, wenn er seine Schattenseiten kennenlernt. Unangenehme Wahrheiten über sich selbst lassen sich über einen Traum leichter annehmen als durch Hinweise von einer anderen Person. Alpträume sollten erschlossen werden. Ich habe es viele Male miterlebt, wie erleichtert und befreit Menschen waren, wenn sie den verdrängten Konflikt endlich erkennen und vor allem lösen konnten und eine brauchbare Alternative für bisher praktizierte Verhaltensweisen fanden. Sie sahen eine Perspektive in ihrem Leben, nach der sie lange vergeblich suchten.

LITERATUR

Ernst Aeppli: Der Traum und seine Deutung, München 1984
Eric Berne: Was sagen Sie, nachdem Sie Guten Tag gesagt haben?
  München 1975
  Spiele der Erwachsenen, Hamburg 1968
Lucia Capacchione: Die Kraft der anderen Hand, München 1990
Carlos Castaneda: Die Kunst des Träumens, Frankfurt 1994
Hans Dieckmann: Träume als Sprache der Seele, Fellbach 1984
Ann Faraday: Deine Träume – Schlüssel zur Selbsterkenntnis,
  Frankfurt 1980
Siegmund Freud: Die Traumdeutung, Frankfurt 1984
  Über Träume und Traumdeutungen, Frankfurt 1984
Erich Fromm: Märchen, Mythen, Träume, Hamburg 1981
Patricia Garfield: Kreativ träumen, Interlaken 1980
Eugene Gendlin: Dein Körper – Dein Traumdeuter, Salzburg 1987
Helmut Hark: Träume als Ratgeber, Olten 1983
Günter Harnisch: Träume lösen Lebenskrisen, Freiburg 1985
Michel Jouvet: Das Schloss der Träume, Hamburg 1995
Carl Gustav Jung: Erinnerungen, Träume, Gedanken, Olten 1971
  Der Mensch und seine Symbole, Olten 1968
Karen Kaplan-Solms, Mark Solms: Neuro-Psychoanalyse – Eine Ein-
  führung, Stuttgart 2003
Peretz Lavie: Die wundersame Welt des Schlafes, München 1999
Marani-Verlag Es funktioniert nicht mehr auf die alte Art und Weise,
  Unterneuhausen, Nachricht v. 16. 10. 2007
Frederick Perls, Paul Goodman, Ralph Hefferline: Gestalt-Therapie,
  Lebensfreude und Persönlichkeitsentfaltung, Stuttgart 1979
Jane Roberts: Die Natur der Psyche, Genf 1979
Oliver Sacks: Die Nachtmahr als Lehrerin, aus: Die Zeit v. 22. 9. 95
Jacqui Schiff: Alle meine Kinder, München 1980

Elsie Sechrist: Traumberichte über Cayce (›Dreams: your magic mirror‹), Cayce Traumbuch, München 1983

Karen Signell: Frauenträume, Solothurn 1994

Mark Solms, Oliver Turnbull: Das Gehirn und die innere Welt, Zürich 2004

Jörg Starkmuth: Die Entstehung der Realität, Eigenverlag 2005

Strauch/Meier: Den Träumen auf der Spur, experimentelle Traumforschung, Bern 1992

Marc Thurston: Rückkehr der Traumzeit, München 1990

Strephon Williams: Durch Traumarbeit zum eigenen Selbst, Interlaken 1984

Joan Windsor: Richtig träumen, besser leben, Genf 1991

Caroly Winget/Frederic Kapp: The Relationship of the Manifest Content of Dreams to Duration of Childbirth in Primiparae, in Psychosomatic Medicine, Medicine, Vol 34, Nr 2, 313–320, aus Harnisch: Träume lösen Lebenskrisen, Freiburg 1985

Jonathan Winson: Auf dem Boden der Träume, Weinheim 1986

Fred Alan Wolf: Die Physik der Träume, Berlin 1995

Ein Reise-
führer
für zwei
Welten

Allegria

OTMAR JENNER
Das Buch des Übergangs
Was wirklich geschieht,
wenn wir sterben
Geb. € [D] 19,90 / € [A] 20,50
sFr 35,40
ISBN 978-3-7934-2103-0

Aus seinen eigenen Nahtod-Erfahrungen
und seiner jahrelangen Arbeit als Sterbebegleiter hat Otmar
Jenner ein einfühlsames Handbuch entwickelt, mit dem er
Menschen auf den Prozess des Sterbens und die damit ver-
bundenen Erfahrungen vorbereitet. Er beschreibt u.a. den
Sterbeprozess und gibt Anleitungen zum Umgang mit
Sterbenden.

Dieses Buch ist ein »Reisführer für zwei Welten«,
ein Leitfaden für die Kunst des Lebens und Sterbens.

*»Für alle, die sich intensiv mit dem Tod befassen
wollen.«*
Emotion